볼펜으로 그리움을 쓰다

잉글랜드
다이어리

잉글랜드 다이어리 :

볼펜으로
그리움을
쓰다

휴엔스토리

2016년 5월 3일, 기다리고 기다렸던 영국 땅을 밟는 순간 설렘과 동시에 두려움이 엄습해왔다. 여행자가 아닌 봉사자로서 그곳에 갔기에 여행이 아닌 생활을 해야 했고 새로운 문화에 대한 신비함보다는 두려움을 극복해야 한다는 부담감이 첫날부터 나를 짓눌렀다. 이런 이유로 나의 영국 생활 초기는 아침에 눈을 뜨고 잠에 들기까지 그곳에 적응하기 위한 몸부림의 시간이었고 머릿속은 하루빨리 영어 실력을 늘려야 한다는 생각뿐이었다.

하지만 인간은 역시나 적응의 동물인 건지 시간이 흘러갈수록 나를 짓누르던 부담감은 점차 편안함이 되었고, 하루하루가 새로웠던 그곳의 생활 역시 조금씩 익숙한 일상이 되고 있었다.

그런 일상 속에서 어제와 다를 바 없는 하루에 조금씩 무료함을 느끼던 중 어떻게 하면 오늘과 다른 내일을 만들 수 있을지 깊은 고민에 빠졌고, 그 무료함을 없애기 위한 방법으로 내가 택한 것은 다름 아닌 '여행'이었다.

그렇게 시작한 여행으로 우물 안 개구리는 조금 더 큰 우물을 경험할 수 있었고, 눈앞에 펼쳐지는 멋진 광경과 그것을 보며 느낀 감정들을 남들과 공유하고 싶은 욕구가 샘솟기 시작했다. 그로 인해 한국에서 가져온 싸구려 카메라는 없어선 안 될 필수품이 되었고, 나의 주머니에는 늘 노트와 볼펜이 있었다.

그렇게 어제와 다른 하루, 오늘과 다른 내일을 보내며 서툰 글들로 채워지던 노트와 뭣도 모르고 찍었던 사진들은 형형색색의 추억이 되었고, 그 추억들은 한 폭의 그림이 되었다.

그리고 마음속에만 그려졌던 그 그림을 나는 어떠한 꾸밈과 보탬 없이 이 책에 솔직히 적어 내렸다. 낮에는 즐거움에 빠져 낄낄거리고 밤에는 감성에 취해 울먹거리며 때로는 누군지 모를 당신들을 생각하며 이 책을 완성했다.

서툴고 보잘것없는 이 책이 당신들에겐 수많은 책 중 하나일지도 모르겠지만 나에게는 하나밖에 없는 멋진 '그림'이자 아련한 '그리움'이다.

이 책으로 하여금 당신들의 그리움에 나의 그리움이 더해지길 바란다.

| 목차 |

England Diary 1

스윈던의 하늘

스윈던의 하늘

"하루에 10번 이상 하늘을 보지 못하면 그 날은 헛되이 보낸 날이다."

이 글귀에 감동했던 병장 유경준은 하늘을 보며 살겠다고 굳게 다짐했지만 전역 후 그 다짐을 단 한 번도 지키지 못했다. 오르락내리락 이리저리 움직이는 롤러코스터 같은 삶 속에서 하늘은커녕 앞만 보고 살기도 벅찼기 때문이다.

하지만 모노레일처럼 모든 것이 여유롭게 흘러가던 스윈던에선 하루에도 수십 번 하늘을 바라봤던 것 같다.

가벼운 바람에 나뭇잎들이 춤을 출 때도, 붉게 물든 호수를 바라볼 때도, 흩뿌려진 별들을 세어 보는 순간에도 고개를 들어 올렸으며, 부슬부슬 비가 내리는 날에도, 집으로 향하는 버스를 기다리면서도, 벤치에 앉아 그리운 이들을 떠올리면서도 늘 하늘을 쳐다보곤 했다.

　스윈던의 하늘을 사랑하던 유경준은 한국에 돌아가도 하늘을 보며 살겠다고 굳게 다짐했지만 그 다짐을 지키지 못한 채 여전히 헛된 나날을 지내오고 있다.

019
스윈던의 하늘

미완의 아름다움

성격이 이상한 건지 희한한 건지 여행을 할 때 나는 목적지에 도착하기 직전에 발걸음을 항상 멈췄다. 이유는 이곳에 오기까지 내가 가지고 있던 설렘, 즐거움, 흥분이 가장 극대화되는 순간이기 때문이다. 그리고 그 순간을 짧게나마 즐기려고 했다. 눈앞에 조금씩 내가 찾던 곳이 보이기 시작하면 그 감정은 완전한 것을 보았을 때보다 더 황홀하고 행복했다.

스윈던의 하늘

볼펜

여행을 하면서 많은 메모를 해두었다. 일기처럼 거창한 건 아니고,

그 순간 내가 느꼈던 감정, 느낌, 분위기, 냄새, 소리 등 모든 것을 짧게 기록해두었다.

시끌벅적한 펍 안에서, 허리가 끊어질 것 같은 야간 버스 안에서

차가운 공항 바닥에 누워서, 지나가는 사람들을 쳐다보면서 그리고

내일은 무슨 일이 일어날지 기대를 하면서….

그럴 때마다 나는 항상 볼펜을 사용했다.

볼펜은 지우개로 지울 수 없었을뿐더러 어차피 나만 볼 것
이기에

그 순간 나의 감정을 꾸밈없고 솔직하게 적을 수 있었다.

연필로 썼다면 바로 지웠을 것들을

지금 본다면 오글거려서 찢고 싶은 것들을

어디다 버렸는지 지금은 찾을 수 없는 것들을

암스테르담이 말했다

암스테르담이 말했다
도대체 언제 자신을 찾아 줄 거냐고.

나는 대답했다
조금만 기다려주면 곧 갈 것이라고.

그렇게 미루고 미루다 거의 1년이 흐른 뒤 찾은 암스테르담
은 정말이지 놀라운 곳이었다.

큐켄호프 공원에서 형형색색의 튤립들을 보면서도
제정신이 아닌 것 같은 사람들 속에서 호스텔 조식을 먹으
면서도

무질서해 보이지만 질서 있게 지나가는 자전거 무리들을 바라보면서도
개인적으로 좋아하지 않지만 의무감에 사로잡혀 하이네켄을 마실 때도

매서운 강바람이 불었지만 꿋꿋이 유람선을 타면서도
주문을 잘못해서 꽃다발만 한 양의 감자튀김을 먹으면서도
잔세스칸스에서 동화 속에서만 봤던 풍차들을 바라보면서도
강 위에 나란히 주차되어 있는 배들의 사진을 찍으면서도

잔잔히 흐르는 강물 위에 다리를 건너면서도
스타벅스에 앉아 사람 구경을 하는 사소한 순간마저도
감탄의 연속이었기 때문이다.

떠나는 날
암스테르담이 말했다
찾아와줘서 정말 고맙다고
그리고
언제든 다시 찾아와달라고.

나는 대답했다

암스테르담을 진작 오지 못해 미안하다고

그리고

보석 같은 이곳을 눈에 담게 해줘서 나야말로 정말 고맙다고.

잉글랜드 다이어리

029
스윈던의 하늘

말도 안 되는 꿈

내 꿈은 자그마한 카페를 하나 차리는 거예요
그리고 음료의 이름은 사람의 이름을 붙일 거예요

나를 달달한 초콜릿처럼 기분 좋게 해줬던 사람
보고 있으면 에이드처럼 톡 쏘는 매력이 있는 사람
쓰디쓴 에스프레소처럼 짧지만 강렬했던 사람
마음을 진정시켜주는 밀크티 같았던 사람

밤에는 술도 가끔 팔 예정입니다
나를 힘들게 한 사람
나를 어지럽게 한 사람
나를 주저앉게 한 사람의 이름을 붙여서

031

스윈던의 하늘

London is the place for me

London is the place for me

London this lovely city

You can go to France or America

India, Asia or Australia

But you must come back to London city

스윈던의 하늘

England Diary 2

리플릿 (Leaflet)

리플릿 (Leaflet)

　내가 속해 있던 'Swindon Circles'라는 봉사 단체의 주 업무는 봉사자를 모집하고 도움이 필요한 사람들(주로 노인)에게 그 봉사자들을 적절히 배치해주는 것이었다.

　"당신과 차 한 잔을 원하는 사람은 멀리 있지 않습니다."라는 슬로건과 함께 소외되어 살아가는 사람들의 외로움을 가까이 사는 봉사자들이 해결해주는 것이 Swindon Circles의 목표이며 그 방법은 'Befriending', 즉 친구가 되어 주는 아주 간단한 활동이었다. 그리하여 내게 주어졌던 활동들도 요양 시설이나 장애인 센터, 그리고 혼자 사는 노인, 장애인들을 찾아가 대화를 나누며 차를 마시거나 야외 활동들을 보조하는 것이었다.

　그렇지만 도움이 필요한 클라이언트들에 비하여 늘 봉사자가 부족했던 Swindon Circles는 봉사자를 모집하는 일에도 꾕

장히 적극적이었다. 주로 웹 홈페이지나 SNS를 이용하여 모집하였는데, 그 외에도 직접 오프라인으로 봉사자를 모집하는 경우도 있었다. 그 활동 중 하나가 바로 '리플릿(Leaflet)'이었다.

'리플릿(Leaflet)'이라 함은 단어 그대로 봉사자를 모집하기 위해 정해진 지역에서 Swindon Circles의 전단지를 집집마다 돌아다니며 배부하는 단순한 일이었는데, 일주일에 한 번 받게 되는 타임 테이블에 'Leaflet'이라고 적혀있을 때마다 나는 항상 한숨을 쉬곤 했다. 왜냐하면 나는 그 활동을 굉장히 싫어했기 때문이다.

내가 이 일을 싫어했던 첫 번째 이유는 한국의 집들과 달리 영국의 집들은 개인 주택들이 많았다. 그래서 우편함이 밖에 있거나 건물 1층에 호수별로 모여 있는 한국과 달리 영국에서는 한 집 한 집 돌아다니며 우편함에 전단지를 넣어야 했다. 두 번째는 그 우편함에 가기 위해선 대문을 열고 현관문이 있는 곳까지 걸어가야 한다. 어떻게 보면 남의 집 대문을 열고 그 집 안으로 들어가는 것인데 수상하게 안 보이는 것이 이상할 정도였다. 세 번째는 우편함의 위치다. 우편함이 따로 비치되어 있는 집도 있었지만 열의 아홉은 우편함이 현관문 가운데 뚫려 있었다. 쉽게 말하여 전단지를 넣기 위해 손을 조금만 깊숙이 넣으면 집안에서 내 손이 보이는 형태인 것이다.

정리를 하자면, 남의 집 대문을 열고 현관문 앞까지 걸어간 뒤, 문에 위치한 우편함을 열어야 전단지 한 장을 배부할 수 있다는 말이다. 듣기에 쉬워 보여도 동양인을 거의 찾아볼 수 없는 스윈던에서 나는 항상 의심의 눈초리를 받으며 전단지를 들고 다녔다.

그래서 매번 전단지를 돌리면서 했던 생각은 '제발 집에 아무도 없으면 좋겠다.'였다, 누군가 집에 있으면 그 집 대문을 여는 것이 상당히 부담스러웠기 때문이다. 괜히 나 혼자 눈치를 본다고 생각할 수 있지만 전단지를 넣고 돌아가는데 문이 열리며 다시 갖고 가라고 하는 사람도 있었고, 전단지를 던지며 욕지거리를 하는 사람도 있었다, 또한 대문을 열던 중 뒤에서 누가 내 어깨를 잡으며 흥분한 얼굴로 들어가지 말라고 한 적도 있었고(그 집의 주인이었다), 들어가기도 전에 집 창문에서 손으로 엑스 자를 보여주는 사람도 있었다. 하지만 이 모든 사람은 양반에 불과했다. 정말 최악은 바로 인종 차별이었다. 어떤 집을 들어가려는 찰나에 2층에서 백발의 노인이 'Piss off, Ching Chang Chong!'이라고 소리치며 맥주 캔을 던진 적도 있었고, 또 어떤 날은 우산을 챙기지 못해 비를 맞으며 전단지를 돌리는데 중학생 정도로 보이는 4명의 아이들이 대문을 막아선 뒤 내 앞에서 눈을 찢는 행동을 한 적도 있었다.

나쁜 일을 하는 것도 아니었고, 당당하게 봉사자를 모집하는 좋은 일이었지만 말도 잘 통하지 않을뿐더러 일련의 사건들로 인해 전단지를 들고 다닐 때마다 더욱 눈치를 보고 스스로 작아지기만 했다. 왜 참기만 했느냐고 물어볼 수 있지만, 여행자의 신분도 아닌 봉사자 비자를 받아 그곳에 살고 있던 나는 절대 문제를 일으키지 말라고 했던 매니저의 말을 들을 수밖에 없었고, 그 때문에 무슨 일을 당하든 항상 'Sorry'라는 말과 함께 그 자리를 회피하는 데 급급했다.

하지만 그러면 그럴수록 내 자존감은 바닥으로 떨어졌으며 점점 '리플릿'이 두려워지기 시작했다. 이 일이 뭐라고 이런 수모와 인종차별까지 받아야 하나라는 생각과 함께 다 때려치우고 한국으로 돌아가고 싶다는 생각을 수천 번은 했던 것 같다.

그래서 나는 매니저 캐시에게 '리플릿' 활동이 정신적으로 너무 힘들다고 수차례 건의를 했다. 처음에는 참고 해보라던 그녀 역시 매번 고충을 털어놓는 나의 심각성을 깨달았는지 얼마 지나지 않아 타임 테이블에서 모든 '리플릿'을 다른 활동들로 대체해줬고 영국 생활을 시작한 뒤 두 달 정도 나를 괴롭혔던 그 일은 그렇게 끝이 났다.

지금 와서 생각해 봐도 다시 떠올리고 싶지 않은 기억이다. 분명 좋은 일을 하고 있었지만 주눅이 든 채 전단지를 들고 있던 내 모습은 정말이지 최악이었기 때문이다.

에딘버러

눈물을 머금은 에딘버러가 내게 말했다.

"안개가 자욱하면 그 안개를 걷어내고, 바람이 불면 그 바람을 피하지 말아줘. 그리고 내가 눈물을 흘리면 그 눈물을 맞아줘."

떠나는 날, 내가 에딘버러에게 말했다.

"혹시 내가 너를 다시 찾게 된다면 그때는 울음을 멈추고 활짝 웃어줬으면 좋겠어. 너는 웃는 모습이 훨씬 예쁠 것 같거든."

콩밥이 싫어요

아직도 식탁에 콩밥이 올라오면 투정을 합니다.

그럴 때마다 엄마는 그 나이에 콩도 못 먹느냐고 혼내시죠.

그런데 나이가 들었다고 싫어하던 콩밥을 꼭 먹어야 하는지는 잘 모르겠네요.

변하는 건 단지 숫자뿐이고, 제 안에는 여섯 살의 유경준, 열일곱 살의 유경준, 스물한 살의 유경준이 아직 그대로 살아 있고 예나 지금이나 콩을 싫어하는 건 변함이 없는데….

우유만 마시면 키가 클 거라 믿었던 순수함

향이 좋아 엄마의 화장품을 모조리 바닥에 쏟아 부었던 호기심

아빠의 건강을 위해 매번 담배를 통째로 쓰레기통에 버렸던 용감함

엄마 아빠가 야근을 하면 TV에서 애국가가 들릴 때까지 울었던 슬픔

아직까지 이 모든 것들이 마음속에 그대로 남아 있는데, 나이에 맞게 행동하라는 말은

가면을 쓴 채 내 모습을 감추고 살아가라는 말로밖에 안 들리네요.

리플릿

'어른스럽게'라는 말을 한마디로 정의할 능력도 안 되는 저에게

나이가 먹었으니 콩을 먹으라는 말은 인제 그만해주세요.

왠지 콩을 먹게 되면

가면을 쓴 어른이 될 거 같아 무서워진단 말이에요.

시한줄

내 사랑은 언제나 과적이었다. 빙판길에 자주 갓길로 미끄러졌다.

- 류시화 《사하촌에서 겨울을 나다》 -

너무 많이 주지 말자
너무 표현하지 말자
너무 보여주지 말자

하면서도
항상 하는 실수

잉글랜드 다이어리

냉정과 열정 사이

TV를 즐겨보지 않는 내가 꼭 챙겨봤던 프로그램이 하나 있는데, 그것은 바로 '꽃보다 청춘'이었다. (연예인들의 해외 배낭 여행기를 담은 버라이어티 프로그램으로서 2014년 '페루' 편을 처음으로 시작했다.) 유독 '꽃보다 청춘'을 즐겨 봤던 이유는 프로그램 자체의 연출력이 훌륭했던 것뿐만 아니라 여정 속에서 보여주는 출연진들간의 완벽한 케미, 유머러스하지만 결코 가볍지 않고 시나브로 감동을 주던 장면들이 계속해서 나를 TV 앞에 앉혀놓았고, 무엇보다 반복되는 일상에 무료함을 느끼던 내가 TV 앞에서만큼은 잠시나마 대리 만족을 느낄 수 있었기 때문이다.

많은 시즌이 있었지만, 그중에서도 가장 인상 깊었던 편은 배우 조정석, 정우, 강하늘, 그리고 정상훈이 출연했던 '아이슬란드' 편이다. 방송에 나왔던 모든 음악을 찾아 들었으며 재방송까지 챙겨 볼 만큼 열혈 시청자였다. 방영되는 6주간 아이슬란드를 간접적으로 여행하며 행복을 느꼈을 뿐만 아니라 죽기 전에 저곳을 꼭 가고야 말겠다는 다짐을 매주 하곤 했었다.

'아이슬란드' 편은 유독 차로 이동하는 장면이 많이 나왔다. 차 안에서 흘러나오는 음악에 맞춰 알아듣지도 못할 자작곡들을 부르고, 때로는 라디오 DJ 흉내를 내며 긴 이동 시간의 지루함을 유쾌하게 이겨내는 그들의 모습은 나로 하여금 미소가 끊기지 않게 했다.

정확히 몇 화인지는 기억나지 않지만, 개인적으로 가장 명장면으로 생각되는 부분은 차 안에서 John Denver의 'Take me Home Country Roads'를 다 같이 부르는 장면이다, 앞에는 끝없이 이어지는 지평선, 양옆에는 웅장한 대자연을 배경으로 노래를 부르는 그들의 모습은 정말이지 너무도 멋있었고, 그 장면을 보는 내내 감탄하며 머리가 아닌 가슴으로 나 자신과 약속했다.

나도 언젠가 저들처럼 멋진 여행을 하며 멋진 사람이 되기로.

051
리플릿

영국 봉사 활동 기간 중 총 2번의 휴가를 받을 수 있었던 나는 넉 달에 한 번 주어지는 7일간의 소중한 휴가를 결코 허투루 보내고 싶지 않았다. 유럽의 유명한 대도시들은 영국 생활을 마친 뒤 여행할 예정이라 좀 더 특별하고 색다른 곳을 원했던 나는 평소에 가고 싶었던 곳들을 곰곰이 생각해봤다. 많은 국가와 도시들이 생각났지만 쉽게 결정을 못 해 어떤 곳이 나의 심장을 가장 들끓게 하고 설레게 할지 깊은 고민에 빠졌다.

그러던 어느 날, 무심결에 튼 TV에서 오로라와 관련된 자연 다큐멘터리가 방송되고 있었고, 멍하니 그것을 바라보다 순간 눈이 번쩍이면서 외마디 비명을 질렀다. 그리고 마치 영감을 얻은 예술가처럼 머릿속의 생각들이 빠르게 움직이더니 잊고 있었던 단어 하나가 마음속에 번지기 시작했다.

ICELAND

여행지에 대한 힘겹던 고민은 그것으로 끝이 났다. 이때 아니면 절대 올 수 없을 거란 생각에 서둘러 아이슬란드행 비행기 티켓을 알아보았고, 생각만큼 비싸지 않은 티켓 값은 잠자고 있던 여행 DNA를 더욱 활성화시켰다. 또한 나의 로망이었던 '꽃보다 청춘'을 흉내 내기 위해 혼자보다는 여행 메이트가 필요하다고 느낀 나는 급하게 연락처를 뒤져 보았고 운이 좋게도 딱 한 사람이 생각났다.

잉글랜드 북부, 브래드포드에서 유학 생활을 하던 나의 군대 맞후임이자 영국 생활의 길잡이였던 상민 형은 아이슬란드에서 청춘을 불태워 보자는 나의 제안에 흔쾌히 수락했고, 같이 유학하던 형준이라는 동생까지 총 3명이 여행길에 동참하게 되었다. 일정, 비행기 티켓, 숙소, 렌터카 등등 여행 준비는 일사천리로 진행되었고, 한 달 뒤 마침내 우리는 아이슬란드로 향하는 비행기에 몸을 실었다.

부푼 마음을 안고 처음 도착한 그곳은 불과 얼음의 땅이라기보다는 비와 바람의 땅에 가까웠다. 비행기가 어떻게 착륙을 했을까 의심이 들 정도로 비바람이 거세게 불고 있었고 생각보다 추운 날씨는 우리를 굉장히 당황케 했다. 오도 가도 못하고 한참을 서성이다 30분이 지나서야 나타난 렌터카 직원의 차를 타고 그곳을 떠날 수 있었다.

이미 차를 빌릴 때 보험은 들어 놨지만, 그 외 다른 보험을 또 들어야 한다는 말에 차를 빌리는 과정이 예상보다 길어졌다. 무슨 보험을 두 개나 들어야 하나 의문이 들었지만, 주행 중 반대편 차가 튀기는 돌이 창문을 깰 수 있고(실제로 '꽃보다 청춘'에서 이런 사고 장면이 나왔다.), 이런 사항이 처음에 들었던 보험에는 포함되어 있지 않았기 때문에 우리는 군말 없이 두 번째 보험을 들었다.

우여곡절 끝에 차를 빌린 우리는 숙소로 향하지 않고 곧바로 '싱벨리어 국립공원'으로 향했다. 언제 그랬냐는 듯 금세 구름 사이로 해가 얼굴을 내밀고 있었고 차 안의 첫 곡은 두말할 것 없이 'Take me home, Country Roads'였다. 꿈꿔왔던 장면이 펼쳐지는 순간 마음속에선 형용할 수 없는 감정들이 샘솟고 있었고 나만의 '꽃보다 청춘'은 그렇게 막을 열었다.

불과 얼음의 땅

세계에서 가장 큰 화산섬인 아이슬란드에 걸맞은 별명이다. 하지만 개인적인 생각으로 이 별명은 조금 딱딱하고 투박한 감이 없지 않아 있었다. 그래서 나는 이 별명을 조금 세련되게 바꾸고 싶었고 여행을 하는 4일 동안 이곳을 '냉정과 열정의 땅'이라 부르고 다녔다. 솔직히 말해 별명을 바꾼 이유는 딱히 없었으나 단지 이 멋진 곳이 '불과 얼음'으로 단정 지어지는 것이 싫었으며 그 이상의 조금 더 멋있는 별명으로 불리길 원했다.

이 냉정과 열정의 땅, 아이슬란드의 가장 큰 장점은 목적지

로 향하는 과정 또한 감탄과 설렘의 연속이었다는 것이다. 어디 가든 최소 두 시간 이상 걸리는 긴 이동 시간 탓에 차에서 잠이 들 거라 생각했지만, 골든 투어뿐만 아니라 동쪽으로 향하는 모든 여정의 창문 밖 풍경은 결코 우리에게 잠을 허용하지 않았다.

계속되는 지평선을 바라보며 저 뒤에는 또 어떤 멋진 세상이 펼쳐질까 하는 호기심은 끝없는 설렘으로 이어졌다. 예측할 수 없는 날씨 변화와 맞물려 어떤 노래를 틀어도 최고의 뮤직비디오를 만들어준 장관들은 이곳이 지구인지 다른 행성인지 의심을 들게 하였으며, 태어나서 처음으로 본 거대한 빙하들과 그 사이를 유유히 헤엄치던 물개들은 나를 경외심에 사로잡히게 했다.

아이슬란드에 왔다는 것만으로 자랑거리가 생기지만, 오로라를 봤다는 자랑을 너무도 하고 싶었던 우리는 매일 밤 그것을 보기 위해 피곤한 몸을 이끌고 숙소 밖을 나섰다. 어느 장소에서 오로라가 잘 관찰되는지, 인터넷 검색뿐만 아니라 호스텔 직원, 식당 직원, 숙소에 머무는 다른 여행자까지 물불 가리지 않고 정보를 얻어내었고 사냥감을 찾기 위해 밤마다 매의 눈으로 돌아다녔다. 그럼에도 불구하고 매번 구름으로

가득했던 하늘은 비를 쏟거나 매서운 바람을 토하며 우리의
꿈을 좌절시킬 뿐이었다. '내일은 볼 수 있겠지?'라는 희망을
가졌지만 불행하게도 아이슬란드에 머무는 4일 동안 오로라
는 우리들 앞에 결코 모습을 드러내지 않았다. 너무도 아쉬웠
고 속이 상했지만 언젠가 아이슬란드로 돌아올 명분이 생겼다
는 것으로 슬픈 합리화를 하며 4초처럼 지나간 여행의 마침표
를 찍었다.

　비가 내린 뒤에는 짙은 무지개가
　매서운 바람 뒤에는 산뜻한 바람이

먹구름 낀 하늘을 벗어나면 드넓은 하늘색 초원이
사람을 집어삼킬 듯한 파도 후에는 잔잔한 물결이
하루의 피로를 씻겨줬던 밤바다 소리까지

잘 알지도 못하면서 흥얼거렸던 노래들
쉴 새 없이 떠들던 우리의 목소리들
눈을 깜박이는 것조차 아까웠던 장관들
시간을 되돌리고 싶었던 순간들
창밖을 바라보며 수 없이 했던 상념들까지
3년이라는 시간이 흘렀지만, 글을 쓰고 있는 이 순간까지 그
모든 것들이 내 마음속에 또렷이 남아있다.
감히 멋진 여행을 했다고 자부할 수 있지만, 과연 멋진 사람
이 되고자 했던 꿈이 이루어졌는지는 잘 모르겠다. 그러나 꽃
보다 아름다웠던 청춘이 가장 빛나던 그 시절, 냉정과 열정 사
이를 오가며 청춘의 꽃내음을 오롯이 풍겼던 나 자신에게 한
마디 하고 싶다.

그래도
조금은 멋있었던 것 같아, 경준아!
최소한 너의 가슴이 터질 듯이 뛰었던 순간들이었으니….

리플릿

복권을 산다는 것은 마치

내가 복권을 사는 이유는 간단하다. 당첨될 거라는 기대감은 1도 없지만

만약 당첨되었을 때 어떤 기분일지, 무엇을 할지, 어떤 차와 건물을 살지

상상만으로도 이미 나는 빌 게이츠 못지않은 부자가 되어있기 때문이다.

여행을 앞두고 티켓을 구매했을 때도 다를 바가 없는 듯하다. 아직 가보지는 않았지만

어떤 사람을 만나고, 무슨 음식을 먹고, 어떤 광경이 내 눈에 들어올지

상상만으로도 이미 나는 이름 모를 거리에서 셔터를 누르고 있기 때문이다.

061
리플릿

존과 알레스 (John & Aless)

존과 알레스 (John & Aless)

스윈던에 살았을 적, 나처럼 봉사 활동을 하기 위해 콜롬비아에서 온 룸메이트 존과 알레스에 대해 소개하고자 한다.

우선 존,

술과 음악, 그리고 책과 여행을 좋아했던 동갑내기 친구로서 흥이 빠지면 시체인 그는 항상 유쾌함이 넘쳤으며 마음속에 새로움에 대한 흥미와 호기심이 늘 가득 차있던 친구이자 내가 하는 질문이면 하나부터 열까지 모두 대답을 해주는 정말 똑똑한 친구였다.

그는 영국에 온 지 하루밖에 안 된 나에게 레스터시티의 우승 퍼레이드에 참여하여 진탕 놀아보자고 하질 않나 중요한 축구 경기라도 있는 날이면 이미 펍에서 나를 기다리고 있었

으며, 또 어떤 날은 새벽 1시에 양주를 들고 찾아와 클럽에 가자고 나를 부추기기도 했다.

모르는 스페인어에 대해 물어보면 잔뜩 신이 나서 열정적으로 알려 주었고, 자주 가던 마트의 할인 기간은 누구보다 빠르게 알아냈다. 어느 날은 길에서 한가득 주워온 블루베리를 신이 나서 내 입에 넣어주기도 했다. 씻지도 않은 블루베리를.

그리고 알레스,

존과 같은 나라에서 왔다고 믿을 수 없을 만큼 차분하고 침착한 성격의 그녀는 꽃과 나무가 어우러진 공원을 사랑했으며

대중교통보다는 걷는 것을, 도시의 시끄러움보다는 자연의 경이로움을 선호하는 애늙은이였다.

마른 체형에 대한 콤플렉스를 가지고 있던 그녀는 '모기 다리'라는 자신의 별명이 싫어 하루 세끼를 꼬박 챙겨 먹었고, 식사 때마다 보통 사람의 2~3배 만큼의 밥을 먹었으며 운동 또한 하루도 빠짐없이 하는 자기관리의 화신이었다.

내가 한국 사람임에도 오히려 알레스에게 케이팝을 배울 만큼 그녀는 케이팝을 사랑했으며 중고 마켓을 좋아했던 그녀는 한 달에 한 번은 쓰지도 않을 그릇들과 입지도 않을 옷들을 잔뜩 사와 나에게 자랑을 했고, 좋아하는 당근 케이크라도 사다

주면 그다음 날까지 고맙다고 할 만큼 착한 마음씨를 가진 친구였다.

물론 이들과의 생활이 늘 순탄했던 건 아니었다.

시간 약속을 철저히 지키는 나를 도리어 융통성이 없는 사람으로 생각했던 둘은 10번 중 9번꼴로 지각을 하며 매번 다툼의 원인을 제공했다, 5분, 10분 늦는 것이었으면 이해라도 해주련만 30분은 기본으로 늦는 그들에게 나는 진절머리가 났고, 나중에는 화도 나지 않는 해탈의 경지에 올랐다.

하나밖에 없는 좁은 냉장고에 서로의 것들을 더 많이 채우기 위해 알레스와 늘 언쟁을 벌였으며, 새벽 5시부터 노래를 틀고 격렬하게 운동하는 그녀에게 'Stop'이라고 절규를 한 적도 있다.

또한 나를 앞에 두고 군이 스페인어로 대화하는 그들에게 삐쳐 한동안 말을 안 한 적도 있었고, 무턱대고 친구들을 데려와 내 방에서 재워달라는 존 때문에 처음으로 영어로 욕을 해보기도 했다. 존이 떠나는 날, 그의 마지막 부탁으로 기차 안까지 짐을 들어주다 문이 닫혀 잠옷 바람으로 런던을 갈 뻔한 적도 있다.

하지만 가족과 떨어진 외로운 타향살이에서 우리는 서로를 의지할 수밖에 없었고 싸우면서 정이 들었는지 한 대 쥐어박고 싶을 만큼 미워하고 다투기를 반복하면서도 우리 셋은 떨어지지 않고 늘 붙어있었다.

우리는 온 방의 불을 다 꺼놓은 채 홍차를 마시며 영화 보는 것을 좋아했고, 맥주를 싫어하는 알레스를 억지로 펍에 끌고 가 축구를 봤으며, 누구 하나라도 삐치게 되면 기분을 풀어주기 위해 온갖 노력을 다했다.

시시콜콜한 주제일지라도 우리는 서로의 얘기를 절대 허투루 듣지 않고 경청해주었고, 한국이나 콜롬비아의 새로운 뉴스라도 있으면 앞다투어 알려주려 했으며, 기쁜 일은 배를 위해 축하해주고 슬픈 일은 반을 위해 공감해줬다.

그리고 무엇보다 각기 다른 환경과 문화에서 자라왔더라도 오래된 친구들 못지않은 진한 우정을 키울 수 있다는 것에 우리는 늘 놀라워했다.

"우리, 다시 만날 수 있겠지?"

"각자의 나라로 가는 건 너무 오래 걸리니, 우리 중간 지점에서 만나는 건 어때?"

"알레스, 이 지도를 봐. 그럼 태평양 한가운데서 만나야 하는데 괜찮겠어?"

"큰 문제네, 그럼 네가 우리가 사는 보고타로 오는 건 어때?"

존과 알레스

"존, 너랑 알레스가 비행기 티켓만 끊어주면 나는 언제든지 갈 수 있어. 단 왕복으로!"

"우리 그냥 페이스북으로만 안부를 물어보자."

"그래, 그게 좋은 생각인 것 같아."

그냥 이렇게 살려고 합니다

저는 키가 작고 못생겼습니다. 옷발도 더럽게 안 받죠.
그래서 사진 찍히는 것을 좋아하지 않습니다.
사진 속의 내 모습이 너무 싫거든요.

말주변도 없고 소심합니다.
다른 사람들의 말들 하나하나 다 기억하고 혼자 상처를 받죠.
반대로 나의 말과 행동이 타인에게 상처가 되지는 않았는지
눈치도 엄청 봅니다.

이렇게 자존감이 낮은데, 자존심은 또 얼마나 센지
지는 걸 극도로 싫어하고 고집도 셉니다.
내 약함을 들키고 싶지 않아 항상 발악을 하죠.

존과 알레스

정말 답이 없습니다.

그런데 그냥 받아들이고 살려 합니다.
어차피 이렇게 살아온 거 고쳐지지도 않을 것 같고
상처를 주기보다는 내가 상처를 받으며 사는 것이 훨씬 속
이 편합니다.

사람은 절대 바뀌지 않으니 그냥 이렇게 살려고 합니다.

죽을 때까지.

누나

  영국답지 않은 하늘색 하늘과 해를 볼 수 있던 화창한 8월, 일주일 치 휴가를 내고 무작정 런던 여행을 온 누나를 하루라도 빨리 만나기 위해 아침 일찍부터 버스에 몸을 실었다.

  늘 다투고 티격태격하는 사이였지만, 가족은 가족인지 오랜만에 볼 생각에 괜히 기분이 좋았다. 하지만 그것도 잠시, 역시나 우리는 만나기 전부터 삐걱대기 시작했다. 분명히 Victoria Coach Station(버스터미널)에서 만나기로 했으나 누나는 Victoria Station(기차, 지하철역)에 있었고, 서로 어디냐고 묻는 메시지에는 이미 짜증이 가득 섞여 있었다.

  서로 버팅기다 걸음을 옮긴 건 결국 나였다. 걸어가는 와중에도 도대체 Victoria Coach Station과 Victoria Station을 왜 구분을 못 할까 계속 투덜거렸지만 많은 사람 사이에서 자기 몸집만

한 가방을 들고 있는 누나를 본 순간 이내 짜증은 가라앉았고, 오히려 미안하기까지 했다. 저 가방은 분명 엄마가 동생 가져다 주라고 바리바리 싸준 짐이었고, 누나는 어쩔 수 없이 저 무거운 걸 한국에서부터 들고 온 것이 틀림없었기 때문이다.

아침부터 무거운 짐을 들고 오느라 팔이 빠질 뻔했다, 힘들어 죽을 뻔했다며 피곤해 하는 누나를 위해 나는 우선 밥부터 먹자고 했다. 우리가 들어간 식당은 맛집도 아니고 손님도 많지 않은 그냥 동네 식당이었다.

"누나, 잉글리시 브렉퍼스트는 이런 곳에서 먹는 게 진짜야."
"아 그래?"

물론 거짓말이었다. 그저 맛집을 찾는 것이 귀찮았을 뿐이다. 하지만 다행히도 맛은 훌륭했고 부담스럽지 않은 가격에 위에 부담을 줄 만큼 먹고는 커피까지 마신 후 기분 좋게 식당을 나왔다.

이때부터 사진 기사 노릇이 시작되었다. 트라팔가 광장, 코벤트 가든, 레스터 광장, 차이나타운 등등 걸어 다닐 수 있는 곳들은 죄다 걸어 다니며 인생 샷을 향한 누나의 욕망을 채워주기 위해 수도 없이 사진을 찍었다. 사진을 찍으며 느꼈던 건, 누나의 표정이 내가 런던에 처음 왔을 때 지었던 표정과 너무 비슷했다는 것이다. 모든 것이 신기하고 설렘으로 가득 찬 눈빛, 도무지 다물어지지 않는 입, 사진 한 장이라도 더 남기겠다는 굳은 의지, 그리고 웬만한 곳은 걸어 다니며 느끼고 싶은 감성까지. 누가 남매 아니랄까 봐 런던에 감탄하고 있는 누나의 모습은 흡사 나를 보는 듯했다

한참을 걸어 다닌 우리는 라이시움 극장을 가기 위해 버스를 탔다. 그날의 마지막 일정이자 목 빠지게 기다렸던 뮤지컬 '라이언킹'을 보기 위함이었다.

라이언킹은 누나나 나에게 있어 상당한 추억이 있는 영화였
다. 지금은 버리고 없어졌지만 어렸을 적 우리 집의 보물 중
하나는 바로 비디오 플레이어였고, 인천에서 비디오방을 운영
하던 이모 덕에 우리 집에는 비디오가 정말 많았다. 그중 누나
와 나에게 허락된 것은 노란색으로 된 애니메이션 비디오였
는데, 그 노란색 비디오들 중 누나와 내가 가장 좋아했던 것이
바로 '라이언킹'이었다. 테이프선이 다 늘어날 만큼 수없이 봤
으며 볼 때마다 무파사의 죽음에 슬퍼했고, 교활한 스카를 증
오했으며, 심바의 복수에 카타르시스를 느꼈다. 그런데 어느
순간부터 누나와 나는 점차 라이언킹을 찾지 않게 되었고, 비
디오 플레이어와 벽장에 빼곡했던 비디오들은 더 이상 집에서

찾아볼 수 없었다.

  그렇게 어릴 적 추억 속에 잠겨있던 라이언킹을 20년이 지
나서야 누나와 다시 보는 것은 다른 누구보다 더 의미가 있었
고, 뮤지컬의 시작과 함께 울려 퍼지는 'Circle of life'는 어렸
을 적 느꼈던 감동을 그대로 재현시켜 주고 있었다. 2시간이
넘는 시간 동안 눈을 깜박거리는 것조차 아까울 정도의 공연
이 펼쳐졌고 공연이 끝났음에도 심장의 두근거림은 멈출 기미
가 없었다.
  뮤지컬을 보고 난 뒤 원래는 누나가 그렇게 먹어보고 싶다
던 피시앤칩스를 먹으려 했지만 생각보다 '라이언킹'은 늦게
끝이 났다. 야속하게도 나의 버스 시간이 가까워져 오고 있어
저녁을 먹을 시간은 충분치 않았다. 마지막이 조금 아쉬웠지
만 아침 일찍부터 꽉 찬 하루를 보낸 누나와 나는 어쩔 수 없
는 상황 앞에서 한국에서 다시 보자는 약속을 한 뒤 헤어짐의
인사를 했다.

  내 마음속에는 추억이 종류별로 정리되어있는 추억 서랍이
있다. 친구 서랍, 가족 서랍, 대학교 서랍, 할머니 서랍, 군대
서랍 등등 정말 셀 수도 없이 많은데, 그중 내가 잘 열어보지
않는 서랍은 바로 '가족 서랍'이다. 가장 오래되고 가장 큰 서

랍이지만 생각보다 들어있는 것이 별로 없어서 이 서랍을 열어보는 일은 드물다. 다 같이 외식을 하거나 가족여행 한 번 해본 적 없고 거실 벽의 가족사진 한 장조차 없는 우리 집에 추억이 많지 않은 건 어찌 보면 당연한 일이다.

그래서인지 누나와 함께 보냈던 런던에서의 하루는 비록 짧은 시간이었지만 나에게 굉장히 소중한 시간이었다. 먼지만 쌓여있던 가족 서랍에 오랜만에 무언가를 채울 수 있었고 누나로 인해 추억의 공허함과 소중함에 대해 다시금 깨달을 수 있었기 때문이다.

훗날, 이 서랍을 마지막으로 열어봤을 때 나는 과연 웃고 있을까, 아니면 울고 있을까?

오늘 밤 집에 가서 엄마 아빠, 그리고 누나에게 '저녁은 먹었는지, 요즘 아픈 곳은 없는지' 내가 먼저 물어봐야겠다.

표지판

누군가에게는 중요했지만 내게는 그다지 중요치 않던 표지판들을 나는 좋아했다.

운전을 하는 것도 현지인도 아닌 그저 여행객인 내게는 별 의미가 없는 것들이었지만 나만의 의미가 부여될 수 있는 그런 표지판들을 나는 참 좋아했다.

표지판 앞에 멈춰 멍하니 서 있으면 왠지 기분이 좋아졌다. 모두가 움직이는 길에서 나 혼자 멈춰 있는 희열이랄까?

그렇게 골똘히 표지판을 바라보다 나만의 방식으로 그것을 해석하고는 낄낄거리며 발걸음을 다시 옮기곤 했다.

지금 생각해보면 정상은 아닌 것 같다.

왜 그랬을까?

존과 알레스

착하거나 나쁜 거짓말

포지타노의 좁은 골목길 사이로 레몬 향이 그윽하게 퍼진다. 길가에 상점들에선 기분 좋은 노래들이 꽃처럼 피어나오고, 사람들의 표정에선 웃음이 분수처럼 퍼져 나온다.

나를 바라보는 강아지의 표정은 어쩌면 나보다 더 여유가 넘쳤고, 적당히 춤추는 바다와 그 위를 비추는 햇살은 완벽한 조화를 이루었다.

나풀거리는 원피스와 밀짚모자, 그리고 긴 머리와 하얀 피부까지, 해변을 거니는 그녀의 모습은 마치 바다의 여신 테티스를 떠올리게 했다.

넘실거리는 보트 위에서 테티스가 내게 물었다.

"뭐하시는 분이세요?"

선글라스를 추켜올리며 무심한 척 답했다.

"한 달 전 퇴사를 하고, 카메라 하나를 든 채 세계 여행을 하는 중이에요. 어렸을 때부터 여행 작가가 꿈이었거든요."

테티스의 아름답고 똘망똘망한 눈은 더욱 커졌으며 푸딩 같은 입술에선 감탄사를 연발했다. 출렁거리는 바다 위에서 나의 포부를 들어주던 테티스의 자태는 말 그대로 바다의 여신이었으며 보석이었다.

레몬 사탕 한 봉지도 맘 편히 사지 못했던 가난한 여행자는 감히 여신 앞에서 거짓말을 했다. 한 번 보고 말 사이이자 다시 마주칠 일도 없는 테티스 앞에서 자유로운 영혼을 지닌 사람처럼 착하거나 나쁜 거짓말을 했다.

쓸데없는 사색 1

생각해보자. 누군가를 처음 만났을 때 우리는 그 사람과 함께 있는 것만으로도 매우 기쁘다. 그 사람을 만난다는 생각만으로 마음이 설레고 잠을 잘 수가 없으며 괜스레 웃음이 나온다. 그 사람을 만나러 가는 데는 이유가 필요하지 않다. 그 사람 자체가 만남의 이유이므로 무엇을 하든 어디를 가든 내 마음은 풍선처럼 붕 떠 있고, 우리의 모습은 마치 달달한 로맨스 영화의 한 장면과 같다.

하지만 시간이 지나면 지날수록 우리는 그 사람을 만나러 가는 것에 대한 이유를 찾게 된다. 바라보기만 해도 좋았던 시절을 잊고 서로 다른 곳을 바라보며 만남의 목적과 이유를 찾는 데 급급하다. 그리고 그 이유가 충족되지 않으면 "오늘은 집에서 쉬자."라는 암묵적인 결론을 서로 내리게 된다.

사랑하지 않는 것은 아니다. 다만 서로의 만남이 '우리 만나
자.'라는 느낌표보다
'우리 만나서 뭐하지?'라는 물음표가 더 많아진 것뿐이다.

익숙함이라는 감정이 만들어낸 결과인지
처음과는 조금 다른 종류의 사랑이 생긴 건지
필연적으로 모든 만남은 결국 이렇게 되는 것인지

또다시 혼자 쓸데없는 사색에
빠져본다.

존과 알레스

터닝 포인트 (Turning Point)

터닝 포인트 (Turning Point)

　봉사자의 자격으로 영국에 갔던 나는 혼자 사는 어르신들의 집 방문, 봉사자를 모집하기 위한 전단지 배부, 1대1로 클라이언트의 야외 활동을 보조하는 1 to 1 Support, 발달장애센터 스태프 활동, 그리고 자폐증을 겪는 분의 집에 찾아가 약 복용을 도와주는 일 등 정말 다양한 활동들을 했다. 하지만 위 활동들이 스케줄에 따라 유동적으로 변하거나 단기간에 끝난 활동들도 있었던 반면, 영국 생활의 시작부터 끝까지 단 한 번도 스케줄이 바뀌지 않은 유일한 활동도 있었는데, 그것은 바로 '케어홈 봉사'였다. (케어홈은 한국의 요양원 정도로 생각하면 된다.)

　매주 목요일과 금요일, 나는 스윈던 내에 있는 각기 다른 3개의 케어홈을 가곤 했는데 어떨 때는 아침부터 저녁까지 한

곳에 머물렀던 적도 있을 만큼 케어홈에서 많은 시간을 보냈다. 하지만 많은 시간을 보낸 것치고는 나는 이 케어홈 활동에 적응하는 것을 상당히 어려워했다. 그 이유는 케어홈에서 내가 해야 할 역할들이 거주하시는 노인분들의 말동무가 되어주거나 커피, 차와 같은 음료 만들기, 식사 보조, 때로는 휠체어를 이용한 산책 등이었는데 문제는 영어를 잘 못하니 말동무가 되어주기는커녕 다른 도움은 시도조차 못 하고 옆에 가만히 앉아있는 경우가 많았기 때문이다. 한두 번 말을 걸어 주시다가도 내가 못 알아들으니 화를 내시거나 대화를 원하지 않는 분들도 계셨다.

또한 그곳에서 일하시는 직원들의 눈빛은 마치 '쟤는 하는 것도 없으면서 왜 여기를 올까?', '영어도 못하면서 이 나라에 왜 왔지?'와 같았고, 심지어 어떤 직원은 몇 개월 뒤에야 내가 봉사자임을 안 분들도 있었다. 물론 심한 열등감에서 비롯된 착각일 가능성이 크지만 그 정도로 당시 나의 자신감과 자존감은 아예 바닥에 내려앉아 있었고, 매주 목요일과 금요일이 오는 것이 두려울 정도로 케어홈에 가는 것은 스트레스였다. 심할 때는 불면증과 두통에 시달리기도 했다.

아주 값진 터닝 포인트를 만나기 전까지….

　어느 금요일 저녁, 케어홈에서의 힘든 시간을 겨우 버티고
버스를 기다리다가 큰 소리로 내 이름을 부르는 소리에 깜짝
놀라 뒤를 돌아봤다.

　"준! 집에 가?"

　매주 금요일 오후에 가는 W 케어홈의 직원 켈리였다. 나이
는 우리 어머니뻘 정도 되는 분이었는데 내 이름을 알고 있다
는 것에 첫 번째로 놀랐고, 스스럼없이 담배를 주며 같이 피자
는 것에 두 번 놀랐다.

공교롭게도 우리는 같은 버스를 타고 같은 자리에 앉게 되었지만 뭔지 모를 어색함이 흐르기 시작했다. 평소 켈리와 대화조차 해본 적 없던 나는 어떻게 이 어색함을 없앨 수 있을지 고민하며 창밖만 바라보고 있는데, 켈리는 그 정적을 깨고 넌지시 내게 말을 건넸다.

"고향을 떠나 사는 건 참 힘들어, 그렇지?"

영국에 온 뒤로 '잘해낼 수 있지?'라는 질문만 받아 왔던 내게 갑작스러운 그녀의 한마디는 그 어떤 위로보다 강력하게 다가왔다. 평소 같았으면 대화가 길어질 게 두려워 "I am okay."라고 답했겠지만 순간 울컥해진 나는 평소답지 않게 속마음을 서툰 영어로 표현했다.

"사실 너무 힘들다. 가족이 보고 싶거나 내 나라로 돌아가고 싶은 것이 아니다. 영어를 못하는 것이 너무 스트레스다. 내가 쓸모없는 사람 같다."

켈리는 잠시 머뭇거리더니 나를 보며 말했다.

"사실 나도 폴란드에서 왔어. 당연히 영어는 못했지. 너는 봉사 활동이라지만 나는 생계를 위해 이 나라에 왔고 그 당시 너 이상으로 많은 스트레스를 받았어. 내가 이 나라에 온 것이 30살쯤이었는데 그 나이에 배움을 시작하는 것이 쉽지 않았지만, 별수 있겠어? 포기했다면 난 이 일은 물론이고 가족을 책임질 수 없었을 거야.

준, 좌절하고 스트레스만 받는다고 해서 나아질 건 없어. 넌 아직 젊어. 이 상황을 극복하기 위해 끊임없이 노력해야 해."

틀린 말이 없었다, 나는 어떤 노력도 하지 않고 그저 비관에 빠져 있었다. 말할 수 없다면 말할 수 있도록, 들리지 않는다면 들릴 수 있도록, 이해할 수 없다면 이해하려고 해야 하는데 시도조차 하지 않고 매번 의기소침해 있었던 것이다. 게다가 나와는 비교도 안 될 스트레스와 책임감을 지니고 살았을 켈리를 생각하니 내가 했던 고민들은 정말 아무것도 아니었고 나의 행동들이 굉장히 바보 같았다는 것을 깨달았다.

켈리와의 대화가 편해지면서 그것이 올바른 문법이든 단어든 간에 상관없이 나는 내 생각을 천천히 말하고 있었고, 켈리는 나의 말을 경청해주고 있었다. 편하게 생각하니 편하게 말이 나왔고 대화는 막힘없이 이어졌다. '내가 이런 식으로 말하면 못 알아듣겠지?', '영어를 못한다고 무시하겠지?'라는 생각들에 사로잡혀서 지레 겁을 먹고 애초에 시도조차 하지 않았던 과거의 내 모습이 부끄럽기까지 했다.

"준, 다음 주에 오면 브라이언에게 담배를 피우러 가자 해보고, 밥에게 홍콩에서 일했던 시절에 대해 물어보고, 로즈에게 쌍둥이 언니에 대해 대화를 시도해봐. 그리고 다른 분들의 특성에 대해서도 네가 물어보면 언제든지 알려줄게. 어르신들은 뜬금없는 질문보다 과거에 대해 얘기하는 것들을 좋아해. 그리고 하나 더 알려주자면 대화의 시작은 날씨로 하는 것을 추천해."

그날 이후로 모든 케어홈에 갈 때마다 혼자 계시는 걸 좋아하는지, 어떤 대화에 흥미를 느끼시고 조심해야 할 부분은 어떤 것인지 등 어르신들의 특성에 대해 직원들에게 물어보고 다녔다. "취미가 뭐예요?"라고 물어봤을 때보다 "축구 보는 걸 좋아하신다고 들었는데, 저도 마찬가지예요. 어느 팀을 응원하세요?"라고 한분 한분의 특성을 알고 물어보니 비록 내 영어는 여전히 엉망이었지만 무미건조했던 대화는 더 풍성해졌다. 말을 못 알아들었을 때는 "나는 영어를 원래 못하니 쉽고 천천히 말해주면 좋겠다."라고 당당히 말했다.

소심한 성격 탓에 처음에 이 과정이 너무도 힘들었지만, 시간이 지나면서 점점 나를 말동무로 찾는 분들도 생겨났으며

몇몇 직원들과도 친근한 관계를 맺을 수 있었다. 그렇게 작은 변화들이 생겨나면서 매일 밤 친구들에게 하소연만 하던 나는 책상에 앉아 공부를 하기 시작했다.

딱히 책이나 알려주는 선생님도 없어서 하루에 있었던 모든 대화를 되짚어 보며 기억할 만한 것들과 이해하기 힘들었던 것들을 노트에 적어가며 무작정 외웠다. 그리고 반드시 다음 날의 대화에서 그것들을 써먹으며 잘못된 것들을 수정하고 복습했다. 그렇게 몇 달을 지내다 보니 유창하지는 않더라도 두려움 없이 대화하는 내 모습을 발견할 수 있었고, 가라앉았던 자신감과 자존감이 조금씩 향상되고 있음을 느낄 수 있었다.

그때 켈리와 같은 버스를 타지 않았다면, 혹은 그녀와의 대화를 거부했다면 나의 영국 생활은 어떻게 되었을지에 대해 많은 생각을 해보았다. 물론 사람 일이라는 게 아무도 모르는 것이긴 하다만 그 시절을 회상했을 때 과연 행복했다고 말할 수 있을지는 의문이다. 그만큼 그녀와의 대화는 비단 영국에서의 생활뿐만 아니라 나의 삶에 있어서도 아주 큰 터닝 포인트였던 것은 의심의 여지가 없다.

벽에 부딪혀 봐야 벽이 부서질지 내가 부서질지 알 수 있는 것, 그리고 지레 겁만 먹고 있어서는 한 발자국도 나아갈 수 없다는 큰 깨달음을 준 켈리. 그녀 덕분에 말 한마디 제대로 못 하던 나는 암담했던 타향살이에서 수많은 벽을 차례대로 부숴나갈 수 있었다.

리스본의 노란 트램

리스본에 간다면 '노란색 28번 트램'을 꼭 타보라는 말을 수도 없이 들었다.

실제로 그곳에 도착하여 사진에서만 봤던 트램을 직접 마주하니 흥분감을 감출 수 없었고 본능적으로 셔터를 누르고 있었다.

사람들이 빼곡하게 차있었다. 금방이라도 전복될 것 같은 트램은 너무 매력적이었고 리스본에서 찍은 사진 중 절반이 트램인 만큼 그것을 바라보는 데 넋을 놓고 있었다.

하지만 왠지 타보고 싶다는 생각은 그다지 들지 않았다.

이유는 간단했다.

그것을 타게 된다면 나는 트램 자체를 더 이상 볼 수 없을뿐더러 그 안의 수많은 사람의 머리와 잘 보이지도 않을 창문 밖 풍경만 내 눈에 담았을 것이기 때문이다.

가까운 사이도 좋지만 멀리서 바라보는 것만으로도 좋은 사람이 있듯이
리스본의 트램은 나에게 그런 존재였던 것 같다.

그저 바라만 보고 있어도 행복해지는 존재.

세훈이와 형섭이

영국에서의 생활이 한 달 정도 지났을 때, 한국으로부터 기쁜 소식이 날아왔다. 바로 나의 친구들이 영국에 온다는 것이었다.

남들보다 입대를 늦게 하여 갓 전역을 했었던 똑똑이 형섭이, 그리고 취업을 하기 전 마지막 일탈을 하러 온 뚱뚱이 세훈이가 유럽 여행을 하기로 마음을 먹었고, 그 첫 방문지가 런던이었던 것이다.

세훈이와 형섭이는 같이 있는 것만으로도 웃음이 나고 항상 유쾌함을 주는 오랜 친구들이지만 바쁘다는 핑계로 매번 만남을 고사했던 나에게는 늘 미안함을 느끼게 하는 친구들이기도 했다. 그러기에 영국으로 여행을 온다는 소식을 들었을 때 친구들의 서운함을 조금이라도 풀어 줄 좋은 기회라고 생각하고

099
터닝포인트

런던에서 만나자는 약속에 이번만큼은 무슨 일이 있더라도 꼭 지키겠다고 호언장담을 했다.

한 달 뒤 우리는 런던 차이나타운에서 만나게 되었다. 그렇게 입지 말라고 했던 성조기 민소매를 버젓이 입은 채 손을 흔들고 있던 세훈이, 빨리빨리 안 다니느냐고 사람이 꽉 찬 거리에서 욕을 해대는 형섭이.

역시 내 친구들이었다.

그 당시 나는 매우 우울한 시기였다. 말도 잘 통하지 않았을 뿐더러 한국과 전혀 다른 문화에 힘겹게 적응하며 하루하루가 스트레스로 가득 차 있었고, 크게 웃어본 적이 없었을 정도로 표정은 항상 울상이었다. 하지만 멀리서 친구들이 보이는 순간 이미 나의 입꼬리는 올라가고 있었고, 세훈이와 형섭이의 얼굴을 보는 것만으로 그간의 스트레스가 싹 사라지는 것을 느낄 수 있었다.

세훈이는 한 손에 큰 쇼핑백을 들고 있었다. 그 안에는 한국에서 다른 친구들이 보내준 선물들과 편지들, 그리고 귀찮았음에도 불구하고 내 부탁으로 챙겨 와준 여러 가지 물건들이 있었다. 쇼핑백을 들고 있는 세훈이를 보는 순간 코끝이 찡해졌다. 친구들에게 할 줄 아는 말은 고작 '바쁘다', '미안해', '다

음에 보자'밖에 없었던 나였는데, 이 못난 놈을 챙겨주려는 친구들의 마음과 그 마음을 전해주려고 런던까지 무거운 짐을 들고 와준 세훈이와 형섭이에게 무척이나 고마웠고 미안했기 때문이다.

　사공이 많으면 배가 산으로 가듯이 우리 세 명은 저녁을 먹으러 가는 길도 정말 오래 걸렸다. 둘은 술을 마시면서 밥을 먹고 싶어 했고, 나는 밥을 먹은 후 펍에 가서 맥주를 마시고 싶어 했다. 설상가상으로 메뉴 선정에 있어서도 의견이 갈렸다.

차이나타운에 왔으니 중국 음식을 먹어보자.

싫다. 영국에 왔으니 영국 음식을 먹어보자.

영국 음식 맛없다, 다른 거 먹자.

오랜만에 한국 음식이 먹고 싶다, 한식 먹자.

아니다, 여기까지 와서 한식을 먹을 수 없다.

같이 있으면 뭐 하나 순탄하게 진행되는 것이 없는 건 예전과 다를 게 없었고, 사이가 아주 좋은 우리는 각자의 주장을 절대 굽히지 않았다. 참으로 보기 좋은 교우 관계였다.

긴 논쟁 끝에 우리가 내린 결론은 '그냥 아무거나 먹자'였다. 계속 말다툼을 하다간 끝이 나지 않을 거란 걸 서로 너무 잘 알았기 때문이다. 그렇게 아무 식당이나 들어간 곳은 일식집이었다. (차이나타운에서 만난 한국인들이 한참을 고민하다 들어간 곳이 일식집인 것은 지금 생각해도 참 웃긴 일이다.)

유명한 식당이었는지 앉을 자리 하나 없이 사람은 꽉 차 있었고, 우리는 점원의 안내로 지하로 내려가 구석진 곳에 자리를 잡았다. 휴대전화도 터지지 않는 곳에서 우리는 만난 지 한 시간이 넘어서야 더 이상의 다툼 없이 차분히 대화할 수 있게 되었다.

애초에 우리가 만난 시간이 밤 9시가 넘었고 밥을 다 먹고 나니 이미 11시가 훌쩍 넘어있었다, 웬만한 펍들은 다 문을 닫

왔고, 힘겹게 찾은 펍에서도 마감을 준비하고 있었던 터라 우리는 맥주잔도 아닌 일회용 플라스틱 잔에 맥주를 받아 길가에 앉은 채 마셨다.

맥주를 마신 후 숙소로 돌아가는 길, 이대로는 아쉬웠는지 우리는 편의점에 들어가 캔맥주와 주전부리를 사서 근처 벤치에 앉았다. 마치 고등학생 때 힘겹게 술을 구해 동네 공원에서 마시던 옛 모습과 다를 바가 없었다. 달라진 건 오직 나이뿐이었다. 여전히 우리는 시답지 않은 얘기, 여자 얘기, 과거에 다퉜던 얘기, 그리고 어울리지도 않는 인생 얘기를 하며 런던의 밤을 지새웠다.

영국에서 사는 동안 수도 없이 런던을 갔었고, 정말로 많은 추억이 내 마음속에 남아 있다. 하지만 누군가가 런던에 대한 추억 중 가장 기억에 남는 것이 무엇이냐고 물어본다면 나는 망설임 없이 친구들과 함께했던 그 날 밤의 런던이라고 말할 것이다.

모든 추억이 대부분 혼자였다면, 그날 밤은 내 곁에 담뱃불을 붙여줄 수 있는, 마주 보며 밥을 먹을 수 있는, 맥주잔을 부딪칠 수 있는, 그리고 어깨동무를 할 수 있는 소중한 친구들이 있었기 때문이다.

힘들 때 옆에 있어준 사람이 가장 고맙듯, 당시 우울하기만 했던 나에게 둘과의 만남은 몸은 떨어져 있어도 결코 혼자가 아니라는 걸 느끼게 해준 밤이자, 남은 영국 생활을 악착같이 버틸 수 있도록 해준 원동력이 되었다.

세훈아, 형섭아!
걸음은 느리지만 항상 너희들 뒤에서 같이 걸어가고 있어.
어딜 가든 무얼 하든 늘 바라보고 있으니
평생 함께 걷는 친구가 되자.

사랑한다.

Break; 헤어짐에 대한 고찰

'Break'라는 단어를 검색해봅시다.

(동사)

1. 깨어지다, 부서지다; 깨다, 부수다

2. 고장 나다; 고장 내다

(명사)

1. 휴식

2. 쉬는 시간

깨어지고 부서지고

고장 나서 휴식이 필요한 시간

남이 되는 법

"최우영 씨는 여자 때문에 죽고 싶었던 적 없어요?"

"없어요."

"없어요?"

"없다고!"

"그럼 내가 알려 줄게요."

"잠도 못 자고 밥도 못 먹는 건 기본이고 잠들고 깨는 것도 지옥이에요."

사랑했던 사람과 어떻게 남이 되는 건지 알지 못하니깐.

- SBS 드라마 시크릿 가든 -

태어나면서부터 우리는 자의든 타의든 사랑하는 법을 배워 간다. 사람마다 사랑의 대상은 다양하겠지만, 우리는 누군가에게 마음을 열고 또 그 마음을 주는 법을 배워가게 된다. 그렇게 우린 사랑이란 감정을 알게 되고 추억을 만들며 서로에게 물들어 가기 시작한다.

하지만 불행하게도 우리는 사랑하는 사람과 남이 되는 법은 잘 배우질 못하는 것 같다. 그래서 더 고통스럽고 아픈 듯하다. 그 추억들을 어떤 식으로 정리하고 서로에게 물든 색을 어떻게 없애야 할지 모르기에….

경험은 아픔을 둔하게 만들 거라 생각하지만
오히려 그 경험 때문에 다가올 아픔이 두려워진다.
누군가를 당장 내일부터 볼 수 없고 남으로 살아야 한다는 것.
그 아픔을 너무 잘 알고 있기에 매번 겪을 때마다 고통스럽다.

어쩌면 우리가 사랑했던 사람과 남이 되는 법을 배우지 못하는 것은
그 방법을 알아봤자 쓸모없기 때문은 아닐까 생각해본다.

터닝포인트

We are still young

크리스마스 마켓이 한창 열리던 12월, 동유럽 여행을 하던 나는 비엔나에 머물고 있었다. 딱히 계획을 세우고 간 곳이 아니라 철저히 의식의 흐름을 따라 여행을 했는데, 영화 'Before Sunrise'가 떠올라 영화에 나왔던 장소들을 찾아가 보고 비싸기만 한 비엔나커피도 마셔봤으며 괜한 호기심에 목적지도 없이 트램을 타고 이곳저곳 한참을 싸돌아다니다 9시 즈음 숙소로 돌아왔다.

계획을 전혀 세우지 않은 여행지라 무엇을 해냈다는 성취감도 없었다. 또한, 다음 날이면 이곳을 떠나야 하는데 살면서 다시는 올 것 같지는 않아 뭐라도 해야 할 것 같았지만, 딱히 할 것도 없던지라 2% 부족한 여행에 대해 공허함을 느끼며 침

대에 누워 있었다. 그러던 중 시계는 11시를 말하고 있었고 나는 그 공허함을 뒤로 한 채 잠에 들기로 마음을 먹었다. 하지만 그러던 찰나, 위층 침대가 덜컹거려서 고개를 돌리니 머리 하나가 거꾸로 나를 쳐다보고 있었다.

"나랑 맥주 마시러 갈래? 여기 호스텔 안에 펍이 있는데, 내가 공짜로 마실 수 있는 쿠폰이 2개나 있거든."

불이 꺼진 방에 침대 전등 하나 켜고 있던 나는 갑자기 나타난 입, 코, 눈 순으로 된 얼굴을 보고 소리를 질렀다.

"미안, 놀라게 하려고 한 건 아닌데….

"진짜 놀라긴 했는데, 괜찮아."

"그럼 맥주 한잔 마실래?"

술을 좋아하진 않지만, 그의 제안을 듣는 순간 공허했던 2%를 채울 수 있겠다는 생각에 그와 함께 펍으로 내려가 맥주를 시켰다.

캐나다 토론토 출신인 그 친구의 이름은 닐, 교환 학생 신분으로 암스테르담에서 공부를 하던 대학생이었다. 그도 나처럼 집을 떠나 해외에서 생활하고 있었을뿐더러 홀로 여행을 하고 있는지라 우리는 어딘가 통하는 부분이 꽤 많았다.

해외에 살면서 수많은 사람과 대화를 해보며 느낀 것은 내가 한국에서 왔다 하면 10명 중 8명은 북한을 주제로 한 질문으로 대화를 시작했다는 것이다.

"아직도 전쟁 중이야?"

"북한 정권이 핵폭탄을 가지고 있는 것을 어떻게 생각해?"

"북한에 가봤어?"

"아예 다른 나라인 거야?"

"전쟁을 하면 어느 쪽이 이겨?"

하지만 닐은 이런 질문을 단 하나도 하지 않았다. 우리는 타향살이의 힘든 점과 고충들을 말하며 서로를 위로하고 있었고, 여행, 여자, 전공, 취미, 음식 등 다양한 주제를 가지고 끊임없이 대화했다. 닐은 나의 엉망진창인 영어를 참을성 있게 경청해주었고, 오랜만에 친구와 대화하는 느낌을 받았던 나는 시간 가는 줄 모르고 떠들어댔다. 간단하게 한 잔만 마시러 했지만 우리는 이미 3번째 잔을 비우고 있었고, 닐도 나와 마찬가지로 얼굴이 시뻘게졌다. 특히 내가 영국 사람들의 발음을 과장스럽게 따라 할 때는 "이렇게까지 웃을 건 아닌데"라는 생각이 들 만큼 박장대소를 하고 있었다. 그러나 너무 아쉽게도 새벽 1시가 되자 주인은 우리에게 정리를 부탁했다. 아무래도 호스텔 내에 있는 펍이다 보니 일반 펍보다는 이른 시간에 마감하는 듯 보였다. 방으로 돌아가기 전 담배 하나를 피려고 닐에게 먼저 들어가라고 했더니 닐은 기다려 줄 테니 같이 가자고 했다.

12월 동유럽의 밤, 오돌오돌 떨면서 연기인지 입김인지 모를 것들을 내뱉고 있을 때 닐이 물었다

"준, 너는 꿈이 뭐야?"
"사실 잘 모르겠어. 그럼 너는?"
"나도 모르겠어."

"너무 슬프네."

"그런데 괜찮을 거야. 우린 아직 젊잖아."

아마 닐과 했던 많은 대화 중 가장 짧게 끝난 대화였을 것이다. 과거의 것들로 대화를 해왔던 젊은 두 남자는 막상 미래에 대해 생각해 보니 앞이 캄캄해지고 말문이 막혔던 것이다. 하지만 그 와중에 '젊음'이라는 단어로 인해 우리가 조금이나마 안도를 할 수 있었던 건 사실이었다.

이 글을 쓰고 있는 지금도 나는 나 자신이 아직은 젊다고 생각한다. 하지만 3년이 흐른 지금 나 스스로가 그 당시만큼 뭣 모르고 무모하게 살아갈 수 있을지에 대해선 의문이 남는다. 어쩌면 시간이 지날수록 우리는 몰랐던 걸 알아버렸기에 두려움이 더 커지고 도전에 망설여지는 건 아닐까 생각을 해본다.

닐이 지금은 꿈을 찾아서 그 꿈을 이루었는지, 아니면 그 과정 속에 있는지 알 길은 없다. 하지만 아직도 나는 꿈을 찾지 못해 헤매고 있으며 겁만 더 많아져 가끔 닐이 해줬던 말을 생각하며 작게나마 안심을 한다.

"We are still Young."

터닝포인트

Yes면 Yes, No면 No

Yes면 Yes, No면 No

점심시간 이후 케어홈에선 식사를 마치신 어르신들이 의자에 앉아 주무시거나 신문을 읽거나 TV를 시청하면서 개인만의 시간을 보내셨는데, 특별히 계획된 활동이 없는 한 점심 식사 후 한 시간 정도는 늘 조용하고 여유로운 분위기가 이어졌다. 하지만 나에게 이 시간이 굉장히 곤욕이었다. 그 이유는 봉사자로서 나의 역할은 어르신들과 대화를 하거나 산책, 게임 및 특정 활동을 보조하는 것인데, 어르신들뿐만 아니라 직원들마저 휴식을 취하는 그 시간에 나 혼자 무언가를 하는 것도 민망했고, 그렇다고 아무것도 안 하는 것도 눈치가 보였으며 설령 활동을 권유하더라도 어르신들의 반응은 뜨뜻미지근했기 때문이다.

이런 이유로 모두가 시에스타를 즐기는 동안 나는 종종 케

어홈 내에 있는 정원으로 향했다. 눈치만 보며 안에 있는 것보
단 정원을 거닐거나 벤치에 앉아 있는 것이 훨씬 마음이 편했
기 때문이다.

평소와 다를 바 없이 정원을 향했던 어느 날, 벤치에 앉아 휴
대전화를 보고 있던 나는 "Excuse me"라는 소리에 고개를 들
어 올렸고, 할머니 한 분이 내게 다가오고 있는 것을 보았다.
그리고 그녀는 무언가를 건네며 내게 말을 걸었다.

"지금 집에다 전화를 걸어야 하는데, 이 전화기를 어떻게 사
용하는지를 모르겠어. 나 좀 도와줄래?"
"문제없죠. 전화기 이리 줘보세요."
전화기를 건네받은 나는 적잖게 당황했다. 그것은 전화기가

아니라 TV 리모컨이었기 때문이다. (고령의 어르신들이 많은 케어홈에
선 종종 있는 일이었다.)

"It's not cell phone, It's remote control."
(이거 전화기가 아니라 리모컨이에요.)

이렇게 말씀을 드리니 갑자기 할머니는 노발대발하셨다.

"It's cell phone, I AM NOT CRAZY!"
(이거 핸드폰 맞아, 나는 미치지 않았어!)
"Yes, Yes, Yes!"(맞아요, 맞아요, 맞아요!)

"Are you saying I am crazy?"(너 지금 내가 미쳤다는 거야?)
"NO, NO, NO I am sorry."(아니에요! 죄송해요.)

할머니는 계속 자신은 미치지 않았다고 고래고래 소리를 지
르셨고, 그때까지 나는 내가 뭘 잘못한 것인지 알 수가 없었
다. 할머니가 계속 소리를 지르는 탓에 평화로웠던 시에스타
는 끝이 나버렸고 놀라서 달려온 직원들에게 할머니는 "저 자
식이 나를 미쳤다"고 했다고 연신 목소리를 높이고 계셨다.
  상황이 어느 정도 진정이 되자 직원 중 한 명인 젬마가 무슨

일이 있었는지 설명을 부탁했다. 그래서 나는 할머니와 했던 짧은 대화를 그대로 그녀에게 말해줬다.

"준, 할머니가 자신은 미치지 않았다 했을 때 왜 'Yes'라 한 거야?"

"나도 할머니의 말에 동의하기 때문에 YES라 한 것이야."

"그러면 'No'라고 했어야지. 네가 Yes라고 말하니깐 할머니가 그렇게 화를 내시지. 넌 할머니보고 미쳤다고 말한 거야!"

뭔 소리지? 순간 머리가 복잡해졌다, 할머니가 '나는 미치지 않았다'고 했을 때 '맞아요'라고 답하는 것이 그 할머니 말에 동의하는 것 아닌가? 나는 '할머니는 미치지 않았어요.'라는 의미로 'Yes'라고 말한 것인데, 'No'라고 말했어야 했다는 젬마의 말은 도저히 이해가 되지 않았다.

"나는 미치지 않았어." - "응, 미치지 않았어." 〈나〉

"I am not crazy." - "No, you are not crazy." 〈젬마〉

집으로 가는 버스 안에서 서열이 형에게 급히 전화를 걸었다. (서열이 형은 나의 대학 동기이자 훌륭한 영어 선생님이다.) 형이 전화를 받자마자 정원에서 있었던 일에 대해 얘기했다. 내가 그렇게 큰 잘못을 한 거냐는 질문에 형은 할머니가 충분히 화를 낼 수 있는 상황이라고 답을 했고, 그 상황에서 'Yes'라는 답변이 왜 잘못됐는지를 듣고 나서야 내가 아주 큰 실수를 했다는 것을 깨달았다. 형은 어렵게 생각하지 말고 상대방이 부정으로 물어보든 긍정으로 물어보든 맞으면 YES, 아니면 NO라고 답하는 것이 영어에서의 대답인 것을 절대 잊지 말라고 했다.

통화를 마치고 나는 곧장 하차 벨을 눌렀다, 이 실수를 결코 그냥 지나쳐선 안 될 것 같은 생각이 나의 몸을 다시 케어홈으로 이끌었기 때문이다.

케어홈에 도착하자마자 바로 그 할머니의 방으로 찾아가 아까 있었던 일에 대해 진심으로 사과하고 내가 왜 그런 실수를 했는지 자세히 설명을 드렸다. 방문을 열 때부터 나에게 눈길도 주지 않고 나의 말을 달가워하지도 않던 할머니였지만 나의 진심 어린 마음이 통했는지 그녀는 결국 사과를 받아주셨고, 젬마를 포함한 다른 직원들에게도 나의 실수를 설명한 뒤에야 정원에서 벌어졌던 일을 잘 마무리할 수 있었다.

한바탕 난리가 났던 것이 어쩌면 약이 되었는지 이 일을 계기로 나는 그 실수를 단 한 번도 반복하지 않았고, 작은 실수라도 그것을 지나치지 않고 다시 되돌아보는 습관을 얻게 되었다.

Yes면 Yes, No면 No

자석

살면서 가장 어려운 일

그리고

가장 잘했다고 생각되는 일

내가 N극이면 S극

내가 S극이면 N극이 돼주는 사람을

만나는 것

그리고

만났던 것

그리스인 조르바

"그리스를 간다면 부주키 소리에 맞춰 조르바 댄스를 춰보는 것이 내 꿈이야."

"조르바? 그리스인 조르바? 그거 책 아니에요?"

"책도 있고 영화도 있지. 근데 그 영화의 마지막에 조르바가 춤을 추는 장면이 있는데, 그것이 조르바 댄스가 된 것이지."

"멋진 꿈을 가지고 계시네요."

"산토리니를 간다 했지? 혹시라도 길가에서 누군가가 부주키를 켜고 있다면 '조르바'를 연주해달라고 부탁해 봐. 절로 흥이 날 거야."

로마의 마지막 날 밤, 다음 행선지를 묻는 민박집 사장님과의 대화다.

잠에 들기 전, 급 조르바에 관심이 생긴 나는 유튜브에 '조르바 댄스'를 검색해 보았다. 수많은 영상들이 나타났고 그중 내가 처음으로 본 것은 흑백 필름으로 된 영상이었다. 그것이 아마도 사장님이 말한 영화의 마지막 장면인 듯했다.

　나이가 많아 보이는 사람이 딱 봐도 조르바처럼 보였고 양복을 말끔히 차려입은 사람은 다른 주인공처럼 보였는데, 그 둘은 점점 템포가 빨라지는 음에 맞춰 웃으며 춤을 추고 있었다. 그 외 다른 영상들도 일반인들이 촬영한 것들, 길거리에서 벌어지는 플래시 몹, 규모가 큰 공연장 등 종류가 정말 다양했다. 하지만 그 영상들의 공통점은 바로 장소와 사람은 변해도 특유의 부주키 소리와 그 소리에 맞춰 추는 춤들은 모두 비슷했다는 것이다. 왜 사장님이 이 춤을 그토록 추고 싶어 했는지 이해가 될 정도로 동작만 안다면 나 또한 사람들과 어우러져 같이 추고 싶은 매력적인 춤이었다.

　다음날, 꼭두새벽부터 부산스럽게 움직였던 탓인지 산토리니에 도착함과 동시에 피곤함이 물밀 듯이 밀려오기 시작했다. 숙소에 도착하니 그 피로함은 배가 되어 나를 덮쳤고 체크인을 한 후 나는 침대에 누워 진지하게 고민을 했다. 어차피 계획도 없는데 한숨 자고 나갈지 아니면 지금 당장 나갈지를. 하지만 이곳에 오기 위해 몇 번이고 수정했던 여행 루트와 여행 비용을 초과하면서까지 예약했던 산토리니행 비행기 표를 생각하니 잠을 자겠다는 생각이 금세 사라졌고, 늘 그랬던 것처럼 커피 한 잔으로 온 정신을 각성시킨 뒤 카메라를 들고 숙소 밖으로 향했다.

천근만근의 몸을 이끌고 나와 어디로 가야 할지 잠시 망설이다가 사람들이 보이는 좁은 골목길로 발을 옮겼고, 길 양옆으로 붙어있는 다양한 상점들을 천천히 구경하면서 잠자고 있던 여행 DNA를 깨우기 시작했다. 모든 DNA가 다 깨어났을 때쯤 나의 곁으로 소금기 가득한 바람이 불기 시작했고, 그 바람이 불어온 곳을 찾아 걷다 보니 어느 순간 사진으로만 보던 장관이 눈앞에 펼쳐졌다.

심장이 뛰는 속도가 빨라지면서 덩달아 셔터의 속도도 빨라졌다. 반면에 눈을 깜박이는 속도와 걸음은 느려지고 있었다. 바다와 맞닿아 있는 산토리니섬의 풍경은 마치 내가 컴퓨터 배경화면에 들어와 있는 착각을 들게 하였고, 계단과 언덕을 오르락내리락하면서 펼쳐지는 파란색과 하얀색의 물결은 나를 이온 음료 CF의 주인공으로 만들어 줬다.

아무리 걸어봤자 끝과 끝이 연결된 작은 섬인데 계속 걷다 보면 제자리로 돌아오겠지라는 생각으로 하염없이 걸었던 것 같다. 조금 빠르다 싶으면 걸음을 멈춰 멍하니 바다와 하늘을 바라봤고, 다리가 아프다 싶으면 잠시 앉아 눈앞에 보이는 장

Yes면 Yes, No면 No

관에 감탄하며 사진을 찍으며 혹시나 눈에 담지 못한 장면이 있을까 봐 걸어왔던 길을 돌아가 다시 걷기를 반복했다.

그렇게 정처 없이 걷던 중 내 청각을 미세하게 자극하는 음악 소리가 멀리서 들려왔다. 바람과 바닷소리뿐이었던 곳에서 나는 그 소리에 묘하게 끌렸고, 곧 그 소리를 찾아가기 시작했다. 들릴 듯 말 듯한 소리를 따라 걷다 보니 계단 중턱에서 중년의 남자가 기타를 연주하며 노래를 부르는 모습을 볼 수 있었다. 평소 길거리 공연에 눈길을 잘 주지 않던 나였지만 그 남자의 분위기에 이끌린 나머지 발걸음은 이미 그의 앞으로 향하고 있었다.

가까이 가보니 그가 들고 있는 것은 기타보다는 조금 작았고 음색도 내가 알던 기타 소리와는 약간의 차이가 있었다. 너무 궁금한 나머지 그가 연주를 잠시 멈췄을 때 악기를 가리키며 그것이 기타냐고 물어봤고, 그 남자는 고개를 젓더니 '부주키'라고 짧게 답해주셨다.

'부주키? 어디서 들어봤는데, 뭐였더라?'

골똘히 생각하던 나의 머릿속에 순간 민박집 사장님과의 대화가 스쳐 지나갔다. 그리고 그 대화를 천천히 곱씹어 보다 곧

129
Yes면 Yes, No면 No

주머니를 뒤져 1유로 동전을 그의 옆에 두면서 말했다.

"Can you play Zorba?"

영어를 알아들은 건지 '조르바'라는 단어만 들은 건지 알 수 없었지만 그 남자는 고개를 한번 끄덕이더니 부주키를 켜기 시작했다.

처음에는 '내가 들었던 조르바가 맞나?'라는 생각이 들 만큼 생소한 멜로디로 시작했지만, 곧 익숙한 음들이 내 귀를 가득 채우기 시작했다. 평화로운 지중해, 그리고 눈부신 산토리니 섬과 어우러진 그의 연주는 웅장한 오케스트라 못지않은 감동과 환희를 주고 있었고, 이 순간을 단돈 1유로에 즐기는 것이 큰 축복일 만큼 그 연주는 너무도 아름다웠다.

또한 그의 손가락이 점점 빨라질수록 고조되는 내적 흥은 나로 하여금 춤을 추고 싶은 욕구를 샘솟게 했으며 가벼운 콧노래를 흥얼거리게 했다. 하지만 자타가 공인하는 몸치였던 나는 그저 마음으로 춤을 출 수밖에 없었고 딱히 계획도 없던 일정 속에서 이런 횡재를 만난 것이 오히려 다행이라 생각하며 그의 연주를 마저 즐겼다.

3분 정도 흘렀을까, 몸과 마음의 괴리감, 그리고 행복함이

공존하는 오묘한 순간이 끝나고 나는 박수를 치며 그에게 악수를 청했다, 핸드크림을 사주고 싶을 만큼 거칠고 두꺼운 손이었지만 손을 통해 전해지는 온기는 너무도 따뜻했으며 지중해를 등지고 미소를 머금은 그의 모습은 여행 중 마주쳤던 피사체들 중 단연코 최고의 작품이자 산토리니 여행의 꽃을 피워준 최고의 순간이었다.

"훗날 내가 다시 돌아온다면 지금처럼 조르바를 연주해줄 건가요? 그때는 나의 신부와 이곳에서 춤을 출 생각인데…"

미소를 머금은 그는 대답 없이 부주키 줄을 퉁기기 시작했다.

앙까라 메시(Encara Messi)

2007년 4월,

아침밥을 먹으며 TV를 보던 나는 정신이 나간 사람처럼 넋을 잃었다.

"제2의 마라도나, 수비수 4명을 따돌린 후 골키퍼마저 제치고 골망을 흔든다."

TV 속 10초가량의 영상은 축구를 사랑했던 평범한 중학생에게 큰 충격을 선사했다. 주체할 수 없는 속도, 공이 발에 붙어있는 것 같은 드리블, 추풍낙엽같이 떨어지는 수비수들, 그리고 완벽한 결정력까지. 내 마음속에 '리오넬 메시'라는 작지만 거대한 영웅이 탄생한 순간이자 죽기 전에 나의 영웅을 꼭보고야 말겠다는 원대한 꿈이 가슴에 새겨진 날이었다.

2017년 4월,

나의 영웅을 직접 보러오기까지

그리고 나의 오랜 꿈을 이루는 데까지 10년이라는 세월이 걸렸다.

눈앞에 메시가 보이는 순간 심장은 터질 듯 뛰기 시작했고, TV에서만 보던 그의 플레이를 보고 있으니 벅차오르는 감정을 주체할 수가 없었다. 역시나 나의 영웅은 득점에 성공하였고, 캄프 누에는 그의 이름이 웅장하게 울려 퍼지고 있었다.

꿈을 이루고 있는 건지 꾸고 있는 건지 분간이 안 될 만큼 환상적인 순간이었다.

"꿈을 계속 간직하고 있으면 반드시 실현할 때가 온다."고 괴테가 말했다.

현재도 내 마음속에는 터무니없고 말도 안 되는 꿈들이 너무도 많은데,

설령 성취하지 못할지라고 나는 그 모든 것들을 버리지 않고 가지고 있으려 한다.

10년 동안 간직했던 꿈도 이루었는데,
감히 어떤 꿈을 함부로 버릴 수 있겠는가!

나이 먹기 싫은 이유 10가지

1. 힘은 없어지고 목소리만 커질까 봐

2. 충분히 내가 할 수 있는 것들을 남에게 의존할까 봐

3. 조언이랍시고 결국 내 자랑만 할까 봐

4. 내 철학이 남에게 고집으로 보일까 봐

5. 새로운 문화를 받아들이지 않을까 봐

6. 나 말고는 공감 안 될 '나 때는 말이야~'라는 말을 할까 봐

7. 나만 힘들고 열심히 살아왔다고 생각할까 봐

8. 타인의 배려를 당연히 여길까 봐

9. 나이만큼 아는 것이 많다고 착각할까 봐

10. 사랑이라는 감정에 어색해질까 봐

Yes면 Yes, No면 No

혼밥

혼자 여행을 하다 보니 자연스레 혼자 밥을 먹는 경우가 많았다. 아니 거의 혼자 먹었던 것 같다. 혼밥의 장점은 대화를 해야 한다는 의무감도 없고, 상대방의 먹는 속도를 맞춰줄 필요도 없을뿐더러 계산에 대한 압박이 없다는 것이다. 또한 배가 고프지 않다면 굳이 먹지 않아도 되고, 무얼 먹을지에 대해 고민할 필요도 없이 그냥 내가 먹고 싶은 걸 먹을 수 있다는 것이다. 이런 이유로 나는 여행뿐만 아니라 평소에도 혼밥을 즐겼다.

바르셀로나에서의 2번째 밤, 그래도 이곳까지 왔는데 빠에야는 먹어봐야겠다는 생각에 나는 호스텔 직원이 추천해준 빠에야 식당을 찾았다. 점심을 먹지 못해 음식과 맥주가 나오자마자 허겁지겁 먹던 나는 낯익은 한국말에 무의식적으로 귀를 기울였다.

"저는 지금 바르셀로나에 4일째 있어요."

"아! 그러시구나, 여기 빠에야가 엄청 유명하대요."

"맞아요, 저도 블로그로 찾아보고 왔어요."

남자 한 명, 여자 두 명, 딱 봐도 유랑(유럽 여행 커뮤니티 카페)이나 유디니(페이스북 페이지)를 통해 동행을 구한 듯 보였다.

"바르셀로나에 중국인들도 참 많은 거 같아요."

"맞아요, 어딜 가든 중국인 참 많죠."

그 순간 맥주를 벌컥벌컥 마시던 여자의 입에서 튀어나온 말은 나의 귀에 칼날처럼 꽂혔다.

"근데 저 중국인은 혼자 밥 먹고 있네요. 원래 중국인들은 떼로 몰려다니잖아요."

나를 말하는 건가?

"맞아요. 그리고 저 큰 빠에야를 혼자 다 먹네. 신기하다."

나구나…!

"밥 혼자 먹는 사람들 보면 신기하지 않아요? 저는 절대 혼자 밥 못 먹어요. 외롭잖아요."

전혀 외롭지 않은데….

"유디니 없었으면 저 진짜 계속 밥 혼자 먹었을 거예요."

애초에 그럼 왜 혼자 여행을 온 거지?

나를 중국인으로 착각한 그들은 내가 알아듣고 있을 거란 생각도 못 한 채 쉴 새 없이 떠들어 대고 있었다. 신경 쓰지 않으려 해도 자세히 들릴 수밖에 없는 거리였기에 나는 조용히 맥주를 마시며 그들의 대화를 강제로 듣고 있었다. 면상에다 맥주를 끼얹고 싶은 충동을 가까스로 참으며.

어차피 밥 한 번 먹고 남이 될 사이, 식탁 위에서 오고 가는 형식적인 대화들, 그리고 잠시의 외로움이 싫어서 만난 모임들. 좋은 취지로 만날 수는 있지만 괜한 오지랖을 부리던 그들은 나의 식사를 제대로 망쳐 놓았다.

　남이 혼자 밥을 먹든 빠에야 한 그릇을 다 비우든 무슨 상관들이신지….

　1년 가까이 영국에 살고 여행을 다니던 중 나는 단 한 번도 혼밥을 하며 눈치를 본 적이 없었다. 그것을 이상하게 생각하는 것 자체가 이상한 것이었기 때문이다.

　왜 유독 한국 사람들은 혼자 밥 먹는 것에 대해 그렇게 예민할까?

정말
모르겠다.

#2016 #가을
#가슴이 #뜨거워지다

#2016 #가을 #가슴이 #뜨거워지다

2016년 10월, 여느 때처럼 하루를 마치고 집에 돌아와 저녁을 준비하고 있던 나는 현관문부터 내 이름을 부르며 뛰어오는 알레스를 보고 눈이 휘둥그레졌다.

"준! 한국 소식 들었어?"

"무슨 소식?"

"나도 집에 오는 길에 본 뉴스라 자세히는 못 봤는데, 한국의 대통령이 국가 통치를 다른 사람에게 맡겼다는 내용 같았어."

식탁에 두었던 휴대전화를 집어 들어 '초록색 창'을 켰다, 그리고 검색어 순위와 갖가지 기사들을 차례대로 보는 순간 내 눈에 보이는 것들을 믿을 수가 없었다.

냄비에 있던 토르텔로니가 모두 눌어붙어 탄 냄새를 풍기고 있었지만 나는 그것도 모른 채 넋이 나가 있었다. 알레스는 급히 인덕션의 전원을 끄고 냄비를 옮기며 나에게 괜찮으냐고 물어봤다. 괜찮다고 했지만, 전혀 괜찮지가 않았다.

한 사람에 의해 한 국가가 좌지우지되고 연달아 터지는 사건들의 폭로, 새로 고침 버튼을 누를 때마다 업데이트되는 충격적인 기사들의 헤드라인, 뭐가 진실이고 거짓인지 알 수 없는 혼돈의 상태, 뒤통수를 연달아 세게 맞은 느낌이랄까? 나는 정신을 차릴 수 없었다. 그리고 너무 창피했다. 내가 한국인이라는 것이 창피했다는 말이 아니라 이런 소식을 남에게, 그것도 한국인이 아닌 외국인으로부터 먼저 듣게 되고, 이 상황에 대해 설명도 못 해줄 만큼 그동안 '내 일'과 '내일'만 보며 무관심하게 살아왔던 스스로에게 한없이 창피했다.

2016년 11월 7일, 영국답지 않게 하늘은 맑고 구름이 적은 날이었다, 늘 그랬듯 트라팔가 광장에는 많은 인파가 몰려있었고, 내 옆에는 나처럼 영국에서 봉사를 하는 동갑내기 친구 현수와 현경이가 있었다.

우리가 트라팔가 광장에 갔던 이유는 재영 한인회에서 주최한 '재영 한인 시국 선언'에 참여하기 위함이었다. 현수는 집에서 직접 챙겨온 태극기를 들고 있었고, 나와 현경이는 주최

자들로부터 얼떨결에 받은 피켓을 잡고 있었다. 그 바람에 사람들이 자꾸 사진을 찍어 부담스럽기도 했지만 우리는 그것을 꿋꿋이 들고 있었다.

그곳에는 영국에 거주하는 이민자, 유학생, 워홀러뿐만 아니라 유럽 여행을 하는 여행자들도 꽤나 많았고, 관심 있어 보이는 외국인들도 간간이 눈에 띄었다.

말끔한 정장을 입은 한 남성이 중앙으로 걸어 나와 비장한 목소리로 시국 선언문을 낭독하기 시작했다, 영어로 된 선언문까지 끝이 난 뒤 자유 발언 시간이 시작되었다. 말 그대로 누구든 나와서 현 시국에 대하여 하고 싶은 말을 하는 시간이었는데, 다양한 사람들이 나와서 각각 자기만의 방식으로 열변을 토했다.

#2016 #가을 #가슴이 #뜨거워지다

누구는 쭈뼛쭈뼛 나와서 작은 목소리로 말을 하고, 누구는 짧고 굵게, 그리고 어떤 사람은 감정이 격해졌는지 눈물을 보이기까지 했다. 많은 사람이 참여하고 싶어 했으나 시간 관계상 자유 발언 시간은 30분 정도만 진행되었고 그 뒤로 장례식이 시작되었다.

이 장례식은 죽은 민주주의를 위한 장례식이었다. 사람들은 비치된 국화꽃을 차례대로 테이블 위에 올려놓으며 묵념을 하기 시작했다, 테이블 뒤에 크게 펼쳐져 있던 현수막에는 "故 대한민국 민주주의의 명복을 빕니다."라는 글자가 웅장하게 펄럭이고 있었고, 그곳에 있던 모든 사람은 약속이라도 한 것처럼 침묵을 유지하고 있었다. 활기찬 트라팔가 광장의 분위기와 사뭇 상반되는 정적은 한동안 이어졌고 누구 하나 움직이지 않은 채 각자의 자리를 지키고 있었다. 하지만 예정된 시간이 끝났다는 사회자의 말에 사람들은 하나둘씩 무거운 표정으로 발걸음을 옮기기 시작했다. 다소 슬프고 우울했던 그 집회는 그렇게 끝이 났다.

그곳에 간 이유는 누군가에게 보여주기 위한 행동도 아니었고 의무감으로 참석한 자리도 아니었다. 오로지 머리가 아닌 가슴이 나의 두 발을 움직였다.

스스로 느꼈던 창피함을 만회하기 위한 자기만족이자 합리화일 수도 있었다. 또한 그 자리에 참여했다고 크게 달라질 것도, 별거 아닌 내가 이 세상을 변화시킬 수 없는 것도 잘 알고 있었다. 하지만 잘못된 방향에 멈춰 있던 버스가 다시 시동을 켜는데 미세하게나마 보탬이 되고 싶었고, 이 버스에 평생 타고 있어야 할 사람으로서 도저히 남 일인 듯 쳐다만 보고 있을 순 없었다.

2016년의 가을은 '정의'와는 거리가 먼 소심한 겁쟁이의 가슴마저 뜨거워지게 만들었던 불꽃 같은 계절이었으며 다소 쓰라린 계절이기도 했다.

#2016 #가을 #가슴이 #뜨거워지다

학교생활을 열심히 하지 않던 나는 친한 선배나 후배, 그리고 동기가 많지 않았다. 수업이 끝나면 항상 아르바이트를 이유로 간단한 모임이나 술자리에 참여할 수가 없었고, 학교 사람을 밖에서 따로 만나는 일은 굉장히 드물었다. 그럼에도 나를 굉장히 잘 따랐던 후배가 한 명 있었는데, 바로 규일이다. 연락도 꽤 자주 했고 사는 곳도 가까워 가끔 밥을 먹거나 커피한잔을 마시곤 했다.

언제나 먼저 연락을 주고 만나자고 하는 규일이를 나로서는 예뻐할 수밖에 없었고, 내 뒤를 이어 영국에서 봉사 활동을 하고 싶다 했을 때는 내가 준비했던 것 이상으로 물심양면으로 도움을 주었다. 그리고 나의 영국 생활이 중반기를 조금 넘은 2016년 11월, 규일이는 최종 면접에 합격했다는 소식을 알렸고, 나처럼 영국에서 봉사 활동을 할 수 있게 되었다. 규일이뿐만 아니라 다른 후배들도 모두 합격하여 별 볼 일 없는 선배의 발자국을 따라와 준 후배들에게 너무도 감사했다.

2017년 3월, 나의 영국 생활이 끝나기 2주일 전 규일이는 영국에 도착했고, 1주일 뒤 내가 사는 스윈던으로 찾아와줬다. 사가정 아니면 상봉에서만 만나던 우리가 다른 곳도 아닌 영국에서 만나니 감개가 무량했다. 규일이가 머무는 3일 동안 아침, 점심, 저녁은 물론이고 디저트와 커피까지 손수 대접했다. 온천 도시로 유명한 Bath를 데려가 직접 가이드까지 해주었으며 사진도 원하는 만큼 무수히 찍었다.

#2016 #가을 #가슴이 #뜨거워지다

귀빈을 대접하듯 규일이를 챙겨준 이유는, 전역을 앞둔 병장이 갓 들어온 이등병을 바라보는 안쓰러움이랄까? 타지에서의 삶이 100퍼센트 즐거운 일만 가득하지 않을 것이고, 당황스러운 일, 울고 싶은 일, 분노할 일 등에 자주 직면하게 될 것이며, 특히 외로움을 가장 견디기 힘들 것이니 절대로 약한 마음 먹지 말고 독해져야 한다고 3일 내내 잔소리를 했다.

그렇게 규일이가 떠나고 1주일 뒤, 나는 영국 생활의 마지막 페이지를 덮었고, 규일이는 본격적으로 새 페이지를 펼쳤다.

이 글을 쓰고 있는 지금, 규일이가 한국으로 돌아온 지도 어언 2년이 넘었다. 어느새 우리는 '하고 싶은 일'과 '해야 하는 일' 사이의 괴리감, 그리고 막막한 미래에 대하여 답답함을 느끼고 있는 20대 후반이 되었다.

가끔씩 만나 영국에 살던 시절을 회상하며 즐거워하지만, 현재와 미래가 빠진 대화 후에는 항상 알 수 없는 공허함이 밀려왔고, 한국으로 돌아가면 뭐든 할 수 있을 것 같았던 자신감은 오히려 뭐라도 해야 할 것 같은 부담감으로 다가와 우리를 짓눌렀다. 하지만 그럴 때마다 우리는 그 힘든 타향살이도 버텼는데 뭐든 못 버티겠느냐며 서로에게 씁쓸한 위로를 하며 한없이 허공만 쳐다보곤 했다.

규인아!

형이 뭐라도 되는 사람이면 정말 멋진 말로 이 글을 끝내고 싶은데

너도 알다시피 형도 앞이 참 캄캄하다.

그래도 계속 더듬거리면서 나아가 보자,

아무리 흐릿하고 어두울지라도.

최소한 우리가 앞을 향해 나아가고 있는 건 확실할 거야.

Vamos!

멈춰 있어도 앞을 바라보며 살아가자!

149

배려

배려는 상대방이 좋아하는 걸 해주는 것이 아니라
상대방이 싫어하는 행동을 하지 않는 것이라고 들었습니다.

혹시나 나 자신이 배려라는 명목하에 남이 아닌
나만 만족하는 행동을 하고 있는 건 아닌지 생각해보세요.

잘못된 배려로 인해
저처럼 큰 후회를 하며 살아가고 싶지 않다면.

KEEP THE CHANGE!

처음 런던을 갔을 때의 일이다.

버스가 빅토리아 코치 스테이션에 도착하고 런던이라는 곳에 첫발을 내미는 순간, 나는 흥분감을 감출 수 없었다. 말로만 듣던 런던을 오게 된 것이 꿈인지 생시인지 믿을 수가 없었고 함성을 지르고 싶은 충동을 겨우 참았다.

모닝커피 한 잔을 들이켜며 가방에서 카메라를 꺼냈다. 배터리는 충분했고 내 컨디션은 충분하다 못해 최상의 상태였다. 카페인을 깊게 빨아들인 나는 계획 따위는 짜지 않고 미친 듯이 돌아다니기 시작했다. 최대한 내 발자국을 이곳에 남겨야겠다는 생각에 대중교통을 거의 이용하지 않고 열심히 걸어다니며 셔터를 눌렀다.

#2016 #가을 #가슴이 #뜨거워지다

목적지를 정해 놓지 않으니 마음은 훨씬 편해졌다, 시간적 여유가 많으니 자연스레 걸음은 느려졌고, 무엇보다 내가 이곳을 걷고 있다는 생각만으로 얼굴에 핀 웃음꽃은 질 생각이 없었다.

사람이 많아 보이는 식당에 들어가 피시앤칩스를 주문했고, 왠지 맥주도 한잔 해야 할 것 같은 기분에 기네스도 한 잔 시켰다. 술을 잘 마시지 못하는 나는 겨우 맥주잔을 비우고 벌게진 얼굴로 다시 런던을 누볐다. 한참을 걷다 배가 출출해져 길가에서 젤라또를 사 먹었고, 입이 심심해질 때면 가방에 챙겨 온 식빵을 뜯어 먹으며 에너지를 충전했다.

그렇게 종일 런던을 눈에 담으며 걸어 다니다 집으로 돌아갈 버스를 타기 위해 다시 빅토리아 코치 스테이션으로 돌아왔다. 생각보다 일찍 도착한 탓에 터미널 내에 있는 커피숍에 앉아 커피를 마시며 여유롭게 버스를 기다렸다.

하지만 이게 웬걸 갑자기 폭풍처럼 배가 아파 오기 시작했다. 생각해보니 종일 먹기만 했지 화장실을 한 번도 가지 않았던 것이다. 커피숍 안에 화장실이 보이지 않자 배는 더 아파 오기 시작했고, 터미널 화장실을 이용해야 한다는 직원의 말에 나는 미친 듯이 달려나갔다. 겨우 화장실을 찾아 안도의 한숨을 내쉬며 들어가려는 찰나 "이곳을 이용하려면 50펜스를 내야 한다."는 팻말을 보고 경악을 금치 못했다.

주머니와 지갑을 아무리 뒤져도 동전은 보이지가 않았다. 젤라또를 사 먹을 때 이미 모든 동전을 털어 계산했기 때문이다. 카드 결제를 해보려고 했지만 입구에 앉아 있던 직원은 카드를 꺼내는 내 모습을 보고 이미 고개를 젓고 있었다. 배에선 이미 화산이 폭발하기 직전이었지만 위험을 무릅쓰고 ATM으로 달려가 10파운드를 인출했다. 그리고 터미널을 돌아다니며 동전을 얻기 위해 고군분투했지만 어떤 가게에서도 10파운드를 동전으로 바꿔 주려 하지 않았다. 정신이 몽롱해지면서 눈에 뵈는 게 없어진 나는 이판사판으로 다시 화장실로 달려가 그 직원에게 10파운드를 쥐어주며 "Tip, Tip, Keep the change!"라고 말한 후 뒤도 돌아보지 않고 화장실로 들어갔다.

세상이 어두워지기 전에 한 줄기 빛이 내려왔고 인간의 가장 기본적 욕구가 해결되자 마음의 평안이 찾아왔다. 하지만 방금까지 무슨 일이 있었는지 곰곰이 생각을 해보니 어이가 없을 뿐이었다.

왜 이 나라는 화장실 가는데 돈을 받는 걸까?
사람이 급해 보이면 그냥 좀 들여보내 줄 수 있는 거 아닌가?
10파운드를 준다고 그냥 그걸 받아?

배는 비워졌지만 머리는 짜증으로 가득 차기 시작했다. 게다가 복잡한 심정으로 화장실을 나오는데 입구를 지키던 직원이 나를 보며 실실 웃고 있었다. 그 모습을 보고 있으니 욕이 입 밖으로 튀어나오고 열불이 터질 뻔했지만 곧 그는 나에게 10파운드를 되돌려 주며 말했다.

"아까 돌려주려 했는데, 네가 뒤도 안 돌아보고 뛰어가느라 못 줬어. 다음부턴 꼭 동전 들고 다녀. 이런 상황에서는 50펜스가 10파운드보다 더 소중할 거야."

웃기고도 슬픈 일이지만 나에게 런던에서의 첫 기억은 빅벤, 타워 브릿지, 런던아이도 아닌 무려 만 원이 넘는 돈을 주고 똥을 쌀 뻔한 일이었다.

아마 죽기 전까지 잊을 수 없을 듯하다.

#2016 #가을 #가슴이 #뜨거워지다

옥스퍼드 (OxFord)

옥스퍼드의 위로 올라가면 마치 몇 세기 전으로 시간 여행을 한 듯했다.

하지만

그곳을 내려오면 나는 여전히 21세기에 살고 있다는 것을 깨닫곤 했다.

157

#2016 #가을 #가슴이 #뜨거워지다

정장

20대 후반이 되도록 나에겐 정장이 없었다.

남들 다하는 취업 준비도 안 하고, 졸업도 못 한 채 철없이 산 결과인 걸까?

이유야 다양하겠지만, 내 옷장에는 흔한 정장 한 벌이 없었다.

그러나 우리 할머니 덕에 처음으로 정장을 입었다.

멋진 정장을 입고 할머니 앞에 나타나는 것이 소원 중 하나였는데 그 꿈을 이루게 된 것이다.

이상한 건 하나뿐인 손주가 멋진 모습으로 나타났는데도 우리 할머니는 웃지도, 울지도 않고 표정 변화가 없으시다.

그저 지긋이 나를 바라보고 계실 뿐이다.

아무리 불러 봐도 사진 속 할머니는 아무 말이 없으시다.

#2016 #가을 #가슴이 #뜨거워지다

Ready Steady Up

Ready Steady Up

    케어홈에 있다 보면 어르신들이 앉아 계신 자리에서 휠체어로 자리를 옮기거나 반대로 휠체어에서 다른 곳으로 자리를 옮기시는 경우에 몸을 일으켜드리는 일이 많았는데, 이 일의 가장 어려운 점은 바로 타이밍을 맞추는 일이었다. 어르신들도 나름 일어나시려고 하체에 힘을 주지만 몸의 근육이 많이 없다 보니 힘을 주고 버티는 시간이 굉장히 짧았다. 그래서 몸을 일으켜드릴 때 그 타이밍을 맞추지 못하면 아무리 체구가 작은 분이라 할지라도 일으켜 세우는 데 굉장히 힘이 들었고, 자칫하다 낙상 사고가 발생할 수 있어 항상 조심해야 할 일 중 하나였다.

    나 같은 경우 보통 한국에서 "하나 둘 셋"을 이용하여 타이밍을 맞췄듯이, "One Two Three"라고 말하며 어르신들의 몸을 일으켜 드렸는데 이상하게도 그 타이밍을 맞추지 못해 매번 애를 먹곤 했다. 그에 반해 힘도 들이지 않고 능숙하게 그 일을 해내는 직원들의 모습은 마치 수많은 작업을 헤쳐온 말년 병장과 같았고, 나는 이등병 마냥 그 모습을 존경의 눈빛으로 쳐다볼 뿐이었다. 그럼에도 불구하고 나는 그 모습을 배워야겠다는 생각을 하지 않았는데 그 이유는 타이밍만 못 맞췄을 뿐이지 딱히 실수한 적도 없었고, 시간이 지나면 자연스레 습득될 거라는 막연한 생각을 하고 있었기 때문이다.

하지만 나의 실수로 로즈 할머니의 허리가 의자 모서리에 부딪힐 뻔했던 날, 어르신들의 안전과도 직결된 문제를 내가 너무 안일하고 대수롭지 않게 생각하고 있었다는 것을 깨달았다. 누군가를 다치게 할 뻔했다는 죄책감은 머릿속에서 잊히질 않았고 도저히 이대로는 안 되겠다는 생각에 다음날, 평소보다 일찍 케어홈에 도착하여 직원 중 한 명인 댄을 붙잡고 물어봤다,

"나는 늘 숫자를 세면서 몸을 일으켜 드리는데, 그 타이밍이 잘 맞지 않는 것 같아. 어제도 팔에 힘이 갑자기 풀리는 바람에 로즈 할머니가 다칠 뻔했거든, 어떻게 해야 할까?"

"우리는 타이밍을 맞출 때 숫자를 세지 않아. 왜냐하면 사람마다 숫자를 세는 시간이 다 다르기 때문이야. 네가 세는 one two three와 어르신들이 생각하는 one two three의 타이밍이 안 맞아서 항상 네가 애를 먹는 거지."

"그럼 어떻게 해야 하는데?"

"숫자를 세지 말고 'Ready steady up'이라고 말하며 해봐. up을 외칠 때 일으켜 세워 드리는 거지. 나도 왜 이 말을 쓰는지 모르겠지만 어렸을 때부터 들으면서 자라왔고 자연스레 나도 따라 하고 있는 거야. 어린아이들한테는 보통 Ready Teddy up이라고 말하는 경우도 있어."

"그런데 이 말도 결국 말하는 사람에 따라 속도가 달라지는 거 아냐?"

"자 따라 해봐. Ready Steady Up! 이 속도로만 말해봐. 그럼 타이밍을 맞추는데 어려운 일은 없을 거야. 이따 점심시간에 한번 해보자."

조언을 얻은 뒤 머릿속으로는 이미지 트레이닝을, 입으로는 "Ready Steady Up"을 말하며 나름의 준비를 하고 있었다. 하지만 그것으로는 부족했는지 화장실에 들어가 시뮬레이션 동작까지 해보는 등 혼자 별짓을 다 하며 점심시간을 기다리고 있었다.

그렇게 점심시간을 알리는 시계 종이 울렸고, 분주하게 움직이는 직원들 틈에서 나는 댄을 찾아갔다. 그는 기다렸다는 듯 내 옆에서 시범을 한 번 보여준 후에 브라이언 할아버지를 가리키며 시도해보라는 눈짓을 보냈다. 평소대로 나의 오른손을 앉아계신 브라이언 할아버지의 등에 대고 그의 왼손을 나의 왼손 위에 올려 두었다. 댄이 알려준 타이밍을 다시 한 번 곱씹어본 후에 큰 소리로 말했다.

"Ready Steady Up!"

신기하게도 'One Two Three'를 외치며 애를 먹던 모습은 온데간데없이 체중이 꽤 나가는 브라이언 할아버지의 몸을 한 번에 일으키는 데 성공했다. 한껏 신이 난 나는 그 뒤로도 몇 명의 어르신들을 일으켜 안전하게 식당까지 모셔다 드렸고, 그 모습을 지켜보던 댄은 흐뭇한 미소를 지으며 내게 작은 박수를 보내고 있었다.

역시나 새로운 환경에서는 내가 먼저 바뀌는 것이 최선의 선택지였던 것인지 사소한 타이밍 하나를 바꿨을 뿐인데 어르신들을 일으켜 드리는 것에 대한 불안감과 부담감은 금세 자신감으로 바뀌었다. 나를 믿고 내미는 손들을 전보다 더 많이, 그리고 더 따뜻하게 잡아 드릴 수 있었다.

창문 밖으로 노을이 나타나기만을 가만히 기다리는 것과 그 노을을 찾기 위해 밖으로 나서는 것이 완전히 다르듯 나의 타이밍에 어르신들을 맞추려고만 했다면 결코 어떠한 변화도 일어나지 않았을 것이고, 케어홈에 가는 마지막 날까지 그들을 향한 나의 손은 따뜻함을 유지할 수 없었을 것이다. 그만큼 'Ready Steady Up'을 알게 된 것은 누군가를 맘 편히 일으켜드릴 수 있다는 것 이상으로 꺼져가던 나의 자신감을 다시 타오르게 한 기점이자, 인생의 타이밍은 기다리는 것이 아니라 스스로 찾아가는 것임을 깨닫게 해준 중요한 교훈이 되었다.

쓸데없는 사색 2

10년, 20년이 흘렀다 치자. 알았지? 그리고 넌 결혼을 했어.
근데 결혼생활이 예전처럼 재밌지가 않아.
그래서 남편을 탓하며 네가 옛날에 만난 모든 남자를 떠올리는 거야.
그때 그 남자를 선택했다면 어떻게 됐을까 상상하는 거지.

그 남자 중 하나가 바로 나야.

— BEFORE SUNRISE (1995) —

10년, 20년이 흘러도 너의 마음속에 나는 기억이 될 수 있을까?

반대로
10년, 20년이 흘러도 나의 마음속에 너를 계속 기억할 수 있
을까?

잊히는 것이 두려운 건지 잊는 것이 두려운 건지
참으로 혼란스러운 가을밤이다.

한잔의 포르투

어떤 도시를 여행하기로 결심했을 때, 나는 내가 이곳을 가야 하는 이유에 대하여 스스로에게 수많은 질문을 던졌다. 그 이유는 한국에 돌아간다면 유럽 여행을 다시는 못하거나 혹은 아주 오랜 뒤에야 할 것 같다는 생각에 여행지에 대한 '선택과 집중'이 매우 중요했기 때문이다.

하지만 그런 내가 단 한 번의 질문과 의심도 없이 사진 한 장만 보고 마음을 굳힌 도시가 있었는데,

그곳은 바로 포르투였다.

포르투로 인해 여행 루트가 꼬일 대로 꼬이고 일정을 계획하는 데 많은 애를 먹었지만, 막상 그곳에 도착하고 보니 역시나 포르투는 모든 수고를 보상해줄 만큼 눈부시도록 아름다운

Ready Steady Up

곳이었고, 한 잔 마신 후 진하게 취하고 싶은 술과 같은 곳이었다.

얼굴을 찡그리기보다는 눈을 감고 음미하게 만드는 술
바로 넘겨버리기보다는 입안에 오래 머금도록 하는 술
서둘러 마시지 않고 천천히, 그리고 진하게 취하고 싶은 술
독하지만 그 안의 달콤함이 느껴지는 매력적인 술

그리고

사랑하는 사람과 함께 즐기고 싶은 그런 술

눈을 감으면 그곳의 냄새, 바람, 불빛, 그리고 취기가 여전히 떠오른다.
그만큼 '포르투'라는 술은 유독 여운이 오래가는 술이었나 보다.
몇 년이 지난 지금까지도 숙취가 가시질 않는 것 보면.

Ready Steady Up

하고 싶은 여행 하세요

비엔나에 왔는데 슈테판 대성당도 안 갔어요?
리스본까지 와서 에그타르트도 안 먹어요?
바르셀로나에서 벙커를 안 간다고요?
로마에 와서 그 유명한 젤라또를 안 먹는다고요?
암스테르담까지 왔는데 반 고흐 박물관은 갔어야죠!

여행을 하면서 정말로 많은 사람을 만났다. 버스 옆자리든 같은 숙소든 다른 언어를 쓰든 여행 중의 모든 만남은 보통의 인연이 아니라 생각했기에 길든 짧든 나는 항상 모든 만남을 소중하게 생각했다. 그래서인지 처음 본 사람과의 대화를 서툴러 하는 내향적인 나조차도 여행 중에는 외향적인 사람이 되기 위해 노력했다.

여행 중 만난 사람들 간의 대화는 자연스레 여행에 관한 이
야기가 주를 이루었고 보통 "어디 어디 갔다 오셨어요?"라는
질문으로 대화가 시작하곤 했다. 하지만 대화의 방향이 유익
하고 재밌게 흘러가는 경우가 있는 반면 눈살을 찌푸리게 하
고 귀를 닫게 만드는 대화도 많았다.

나는 ____ 했는데, 너는 왜 안 했어?
그곳에 가면 그것은 꼭 해야 해!
거기서 그것도 안 해봤으면 거긴 왜 갔어요?

거기 사실 별거 없어요, 저 같으면 안 가요.

사실 나는 이런 말을 들을 때마다 너무 속상했다. (매우 순화된 표현) 영화에 비교를 해보자면, 재밌게 보고 나온 영화에서 몇 가지 장면을 놓친 느낌? 혹은 아직 보지도 않은 영화의 결말을 알아 버린 느낌? 영화를 선택하는 건 나 자신이고 도중에 졸았든 딴생각을 했든 그 영화를 해석하고 판단해야 하는 건 결국 나 자신이다. 하지만 우리 주변에는 늘 저명한 영화 평론가라도 되는 것 마냥 떠들어대는 사람들이 있다.

이런 이유로 나는 여행 중 만난 사람들에게 쓸데없는 말로 그들의 감성을 망치고 있진 않은지 항상 입조심을 했다. 동시에 괜한 훈수를 두려는 사람들과의 대화는 피하게 되었다. 그곳에 거주하는 사람도 아니면서 고작 며칠을 먼저 있었다는 이유로 그곳을 다 아는 듯 말하는 건 아무리 생각해도 이기적이고 무가치한 대화라 생각했기 때문이다.

비엔나에서는 '비포 선라이즈' 촬영지를 찾아다녔고,
리스본에서는 배를 채우기 위해 맥도날드를 갔고,
바르셀로나에선 벙커 대신 1시간 동안 등산을 하여 티비다보 공원을 갔고,
로마에선 사람들로 북적대는 젤라또 집을 지나쳐 한가한 파

스타 집을 들어갔고,

   암스테르담에선 온종일 자전거 사진만 찍었다.

   그리고 이 모든 추억은 여전히 내 마음속에서 훌륭한 여행들로 기억되고 있다.

   자신의 로망, 추억, 꿈, 사랑, 그리고 여행은 오로지 자신의 것입니다. 그것이 남들과 다르다고 하여 틀린 것이 아닙니다. 삶은 한 번뿐이고 여행하는 순간도 다시 오지 않을 소중한 시간입니다.

   그러나 타인의 소중한 추억에 간섭하지 맙시다.

   그리고 우리는 우리가 하고 싶은 여행을 합시다.

자다르에서 마주쳤던
당신에게 보내는 글

스플리트에서 3시간 정도 버스를 타고 자다르에 도착했다. 장거리 이동을 했던 탓인지 뇌에선 카페인을 갈구하고 있었지만 숙소에 먼저 도착하는 것이 우선이었던 나는 그 욕구를 잠시 접어둔 채 버스 승차장으로 걸어갔다.

알프레드 히치콕이 사랑한 자다르, 나 역시 이 도시와 사랑에 빠질 수 있을지 갖은 기대와 부푼 마음을 가지고 벤치에 앉아서 숙소로 향하는 버스가 얼른 오기만을 기다리고 있었다.

"한국분이세요?"

잠시 멍을 때리고 있던 나는 반가운 한국말에 주변을 두리

번거렸고, 나와 비슷한 또래의 남자가 내 옆에 서 있는 것을 볼 수 있었다.

　"네 맞아요."

　"자다르에 지금 도착하신 거예요? 저는 이제 자다르에서 떠나요."

　"아~ 그러시구나! 저는 이제 막 왔어요."

　"얼마나 머무세요?"

　"2박 3일이요."

　나의 대답을 들은 그 남자는 갑자기 배낭을 내려놓더니 내 옆에 자리를 잡았고 묻지도 않은 얘기들을 쏟아내기 시작했다, 마치 자다르 여행에 관한 질문을 내가 해주길 바라는 것처럼.

　그러나 계획 없이 발길 닿는 대로 여행을 할 생각이었기에 자다르에 대해 그다지 궁금한 점도 없었을뿐더러 카페인을 섭취하지 못해 몹시 피곤했던 탓인지 그와의 대화에 집중할 수가 없었다.

　하지만 나의 그런 반응이 마음에 들지 않았는지 아니면 자신이 원하는 방향으로 대화가 흘러가지 않았던 것인지 잠시 말을 멈춘 그는 곧 나의 심기를 불편하게 하는 말들을 뱉어내기 시작했다.

　"근데, 자다르 생각보다 별로예요. 다른 데랑 비교해보면 볼 것도, 할 것도 별로 없어요."

"네?"

"저도 3일 있었는데, 3일을 지낼 만큼의 도시는 아니에요. 겪어보시면 알 거예요."

"아까는 여행하기 좋다고 하지 않으셨어요?"

"그건 딱 하루죠. 막상 내일부터 지루한 여행이 될 수도 있을 걸요."

너무 어이가 없어 말문이 막혔던 그 순간, 기다리던 버스가 도착했고, 나는 그 남자의 마지막 말에 답을 하지 못한 채, 아니 하지 않은 채 버스에 몸을 실었다.

이름 모를 당신에게 짧게 글을 써보고자 한다.

당신은 그때 새로운 곳에 대한 설렘으로 가득 차 있던 내게 아주 큰 실례를 범했어. 말 그대로 찬물을 부어 버린 거지. 당신이야말로 자다르에 대해 얼마나 큰 기대와 실망을 했길래 내 앞에서 그따위 생각 없는 말을 했는지 도통 알 수는 없지만, 지금부터 잘 읽어봐. 내가 느낀 자다르와 당신이 느낀 자다르가 얼마나 다른지 설명해줄게.

Ready Steady Up

아무리 유명하고 좋은 곳을 가더라도 날씨가 좋지 않으면 여행의 즐거움이 반감되는 건 알지? 그런 면에 있어 자다르의 날씨는 도착해서 떠나는 날까지 더할 나위 없이 환상적이었어. 그래서인지 여행의 즐거움은 배가 되었고 나의 기분은 늘 최고조였지.

벽면에 다닥다닥 붙어있는 하얗고 파란 창문틀들은 도시의 분위기를 더 다채롭게 해주었으며 울퉁불퉁하지 않고 매끄럽게 다져진 도로의 바닥은 나의 걸음을 더 가볍게 해줬어. 그리고 좁은 골목길 사이사이의 테이블과 의자들은 마치 집 안의 가구인 듯 자연스럽게 배치가 되어있었고, 그곳에 앉아 해를 보며 마셨던 진한 커피와 달을 보며 마셨던 쌉싸름한 맥주는 자다르의 하루를 시작하고 마무리하는 데 있어 최고의 조화였지.

잔잔한 바닷바람은 다른 바람과 다르게 매섭지 않고 부드럽게 머리카락을 흩날리게 했고, 자다르의 명물이라 할 수 있는 '태양의 인사'는 대충 찍어도 하나의 작품이 될 만큼 모든 이들에게 인생 사진을 만들어 주었어. 처음에는 섬뜩했지만 계속 듣다 보니 훌륭한 멜로디를 자아냈던 '바다 오르간'은 나에게 평생 잊지 못할 경험을 선사해줬어. 그리고 그 모든 것들을 더

Ready Steady Up

욱 아름답게 한 것은 뭐니 뭐니 해도 오르간 소리 위로 퍼지는
일몰이었지.

하루 만에 길을 거의 외울 만큼 아담했던 자다르
어둠이 드리워도 무섭지 않고 밤마저 눈부셨던 자다르
뛰어다니는 사람 한 명 못 볼 만큼 여유가 흘러넘쳤던 자다르
숙소부터 커피숍, 펍, 식당까지 만나는 모든 사람의 친절이
넘쳤던 자다르

눈도 즐거웠지만 그보다 마음이 더 즐거웠던 이 아름다운
도시에 대해 좋지 않게 말했던 당신을 나는 당최 이해할 수가
없어. 물론 사람마다 가지고 있는 생각과 주관이 다르므로 시
선과 경험이 달라지는 건 당연할 수밖에 없지. 근데 중요한 것
은 자신의 경험은 자신의 것으로 끝나야 한다는 거야. 경험의
전수는 좋은 효과를 볼 수 있지만 한 끗 차이로 그 선을 넘어
선 경험의 강요는 오만과 방정이라 생각하거든.

즉 자다르에 대해 입을 나불거리던 당신은 내 앞에서 오만과 방정을 떨
었던 거야.

생각할 시간에 대한 개인적 의견

"생각 좀 해볼게.", "생각할 시간 좀 갖자."

선택의 기로에 서 있거나 섣부른 판단을 내릴 수 없는 상황에서 우리가 흔히 말하거나 들을 수 있는 말들이다.

사실 우리가 하는 많은 생각들의 결론, 혹은 종착점은 매우 단순하다고 생각한다. 간단하게 말하자면 이미 답은 정해져 있다는 것이다. 왜냐? 내 경험상 우리는 선택의 기로에 서 있을 때 본능적으로 하나의 답을 내정하기 때문이다. 그럼 우린 왜 생각할 시간이 필요할까?

내 생각은 이렇다. 우리가 생각할 시간이 필요한 이유는 생각의 시작점에서 종착점까지 자신의 가치관과 견해에 맞는 퍼즐들을 끼워 맞추는 과정이 필요하기 때문이다. 즉 답은 이미 정해져 있지만, 신중한 선택이었다는 확신을 얻기 위해 시작과 끝 사이의 퍼즐들을 메꾸는 것이다.

예를 들면, 고민의 과정 중 우리는 주로 자문을 구하는데, 주변인들의 의견을 물어보고 그 사람의 생각이 내 생각의 답과 일치한다면 하나의 퍼즐이 맞춰지는 거고 그렇지 않다면 버리게 되는 것이다.

그런 경험을 해본 적 있지 않은가? 고민 상담을 위한 자리에서 아무리 상대방이 열정적으로 내 고민을 들어주고 조언이나 충고를 해줘도 그 말들이 내 마음에 잘 와 닿지 않을 때가. 그건 분명 내가 원하는 퍼즐이 아니기 때문이다.

물론 힘겹게 모아둔 퍼즐들을 송두리째 없앨 만큼 강력한 퍼즐 한 조각을 찾게 된다면 언제든지 생각의 결론은 바뀔 수 있다. 하지만 중요한 건 어차피 사람은 결국 자기 하고 싶은 대로 한다는 것이다.

그래서 나는 선택의 순간이 올 때마다 항상 본능에 맡기려고 노력한다. 아무리 생각을 많이 해봤자 결국 본능에 따라 모든 선택을 해왔기 때문이다.

"생각 좀 해볼게.", "생각할 시간 좀 갖자."

이미 결정되어 있는 선택

시간 끌지 말고 그냥 말하는 것이 어떨까요?

형수님의 된장국

형수님의 된장국

"경준아, 한국 돌아가기 전에 형 집으로 한번 놀러 와야 되지 않겠니?"

긴 하루를 마치고 집으로 가는 버스 안, 한국이 형으로부터 온 짧은 메시지였다. 한국이 형은 나의 대학 선배이며 졸업 후 레스터의 러프버러 대학에서 학업을 이어가는 인텔리이자 혼자 사는 후배가 걱정되어 매번 먼저 연락을 줬던 좋은 형이다.

무척 감사하게도 형은 매번 집으로 놀러 오라고 말해줬지만, 너무 죄송하게도 나는 늘 형의 호의를 거절하곤 했다. 그 이유는 스윈던에서 레스터까지의 먼 거리를 당일로 갔다 오는데는 무리가 있었던 것뿐만 아니라 형 혼자 사는 집도 아니고 형수님과 두 아이가 있는 집에 찾아가는 것이 나로선 굉장히 죄송하고 부담을 주는 것 같았기 때문이다.

하지만 영국에서의 삶이 얼마 남지 않은 시점에서 또다시 거절한다면 형에 대한 예의가 아닌 거로 생각했고, 무엇보다 이때가 아니면 정말 형을 볼 수 없을 것 같다는 느낌에 이번만큼은 무조건 찾아뵙겠다고 답장을 했다.

2주 뒤, 스윈던에서 첼튼햄 스파, 첼튼햄 스파에서 버밍엄, 버밍엄에서 레스터까지 3시간 반이 넘는 시간 동안 기차를 무려 두 번이나 갈아타고 겨우 레스터에 도착했다.

레스터시티 FC의 기적적인 EPL 우승이 일어난 지 반년이 지났음에도 그 여운이 남아 있었는지 레스터역은 레스터시티 FC의 트레이드 마크인 여우 그림과 선수들의 사진들로 가득 차 있었다. 그리고 멍하니 그 사진들을 바라보고 있던 나는 주차장으로 나오라는 형의 전화를 받고 성급히 역 밖으로 나갔다. 먼 길을 찾아온 동생을 반갑게 맞아주던 형은 얼른 집에 가서 밥을 먹자며 차에 시동을 걸었고, 뒷좌석에는 형의 첫째 아들 수리가 환하게 웃고 있었다.

동전을 던져 옆으로 서 있을 확률, 혹은 5,000분의 1의 확률로 우승한 팀의 연고지인 만큼 레스터는 무언가 대단한 것이 있을 것으로 생각했지만, 형의 차에서 본 창문 밖 풍경은 내가

형수님의 된장국

사는 스윈던과 크게 다를 바 없는 그저 사람 사는 동네였다.

가지런히 쌓인 벽돌들 사이에 빨간 현관문을 두드리니 환한 미소를 지으시는 형수님이 문을 열어 주셨다. 영국에서 태어난 형수님은 석사 과정 중 형과 연애를 시작하여 결혼까지 하게 되었다고 들었는데 소문대로 상당한 미인이셨다.

가방을 내려놓기도 전에 형은 '맥주 한잔 해야지?'라며 냉장고에서 맥주를 꺼내고 있었다. 대낮부터 술을 마시는 것이 낯설었지만, 배가 고픈 것보다 갈증이 너무 심했던 터라 맥주 한 캔을 집어 들고 벌컥벌컥 마셨다. 그런 와중에 주방에서부터 흘러나오는 구수한 냄새는 나의 후각을 자극했고 설마 했지만 형수님이 상에 들고 나온 것은 된장국이었다. 태어나서 처음 먹어보는 외국인의 된장국은 기대 이상으로 무척 맛있었다. 구수하면서도 매콤한 된장국은 나로 하여금 앉은 자리에서 밥 3공기를 비우게 했고, 평소 입에도 안 대던 고사리 무침은 왜 그리 맛있던지. 며칠을 굶은 사람처럼 게걸스럽게 밥과 반찬들을 해치워 버렸다. 얼마 만에 먹은 쌀밥과 반찬이었는지 그저 숟가락과 젓가락을 사용하고 있다는 것만으로 너무도 행복했던 만찬이었다.

식사 후 담배도 피울 겸 동네 산책을 했다. 사실 산책을 할 생각은 없었으나 담배 냄새를 없애고 오라는 형수님의 부탁으로 어쩔 수 없이 동네를 배회했는데, 배는 부르고 날씨도 좋아서인지 가벼워진 발걸음은 예상보다 산책 시간을 길게 만들었다.

긴 산책을 끝내고 집으로 돌아오니 형은 보이지 않았고 형수님은 휴식을 취하고 있었다. 굉장히 어색해진 상황에 몸 둘 바를 모르던 나는 일단 수리와 수연이가 있는 곳으로 갔다. 뭐라도 해야 할 것 같은 기분에 눈에 보이는 장난감을 집어 들고 둘과 놀아주기 위해 안간힘을 써 봤지만 수리와 수연이는 나에게 전혀 관심이 없어 보였다. 그렇게 어색한 시간이 지나가고 마침내 형이 돌아왔다.

형은 두 아들의 새 침대 조립을 위한 공구들을 사오는 길이었고, 조립이 금방 끝날 것이니 조금만 도와달라 했다. 10분 정도면 완성할 수 있을 것으로 생각했지만 조립을 끝내는데 무려 한 시간이 넘게 걸렸다. 한겨울이었지만 몸은 땀범벅이 되었고 배에선 이미 꼬르륵 소리가 진동하고 있었다.

기가 막힌 타이밍으로 형수님은 저녁상을 준비하고 있었고, 굶주린 내 앞에 차려진 밥상은 멕시코 음식이었다. (형수님이 친절하게 설명해줬지만 음식의 이름이 잘 기억나질 않는다.) 형수님은 밥 위에다 소스를 얹어 줬는데 그 소스에는 콩과 갖가지 채소, 그리고 잘게 썬 돼지고기가 들어 있었고, 치즈가 듬뿍 담긴 접시를 건네며 원하는 만큼 뿌려 먹으라 했다. 낯선 음식에 잠시 숟가락을 들기 주저했지만 생각보다 괜찮은 맛에 또다시 이성을 잃은 나는 빠르게 밥그릇을 비웠다.

해가 저물고 수리와 수연이가 잠에 든 밤, 나와 형, 형수님은 거실에 모여 작은 불 하나를 켠 채 각자의 맥주 캔을 들었다. 한국으로 돌아가 글을 쓰고 싶다는 나의 꿈 이야기를 시작으로 형이 형수님을 어떻게 만났는지, 형수님이 생각하는 한국 문화와 나와 형이 생각하는 영국 문화, 그리고 타지에 살면서 내가 느낀 경험들까지 수없이 피어나는 주제로 대화는 꼬리의 꼬리를 물고 계속 이어졌다. 그중 가장 기억에 남는 대화는 결혼과 자식에 관한 이야기였다.

이 주제는 대뜸 형수님이 내게 아이를 좋아하지 않는 거 같다고 말하며 시작되었다, 왜 그렇게 생각하느냐고 물으니, 내가 수리와 수연이의 옆에 있을 때 굉장히 어색해 보였고 그 상황을 즐기고 있는 것처럼 보이지 않았다고 했다, 부정할 수도 반박할 수도 없던 나는 그저 고개를 끄덕일 뿐이었다.

사실 형수님 말처럼 나는 아이들을 좋아하지 않는다. 대학교 2학년 때, 다른 아르바이트와 비교했을 때 굉장히 높은 시급을 자랑하던 유아 체육 아르바이트도 일주일 만에 때려치우고 나왔으며, 공공장소에서 아이들이 떠들면 귀를 막거나 쏘아보기 일쑤였다. 명절에 사촌 동생들이 놀러 와도 살가운 형, 오빠가 되어준 적이 거의 없었다.

어렸을 적, 밖에만 나가면 생떼를 부리고 난장판을 치며 부모님을 늘 난처하게 만들었던 내가 이런 얘길 하는 게 참 우습지만, 난 아이들이라는 존재와 늘 거리를 두며 살아왔다.

놀라운 건 형수님도 결혼 전에는 아이들을 좋아하지 않았다는 것이다. 나처럼 원래 아이들을 싫어했을 뿐만 아니라 자식을 갖는 것에 대하여 큰 회의감을 느끼며 살아왔다고 말했다. 수리와 수연이를 대하는 모습으로 봤을 때, 형수님의 고백은 꽤나 충격적이었다. 하지만 형수님이 뒤이어 한 말은 더욱 충격적이었다.

"준, 근데 자식이 생기면 너의 가치관이 많이 변할 거야. 부모가 된다는 것은 참 놀라운 일이거든. 아이들이 생기면 내 인생은 없어질 거라고 생각했는데, 막상 겪어 보니 새로운 인생이 시작되는 거 같아. 여태껏 알 수 없던 다른 종류의 사랑이 생기기 시작하고 그 사랑이 너의 인생을 더 의미 있게 만들어 줄 거야."

"끝이라 생각하지 마. 또 다른 시작이 될 거야."

'여태껏 알 수 없던 사랑', '또 다른 인생의 시작' 정말 좋은 말들이었지만, 지금도 이해하기 힘든 그 말들을 처음 들었을 때 나는 공감도 반박도 하지 못한 채 그저 입을 다물고 있었다. 그리고 단순히 '아이들'을 좋아하지 않는 것과 '나의 아이'를 갖게 되는 것은 별개의 문제인 것인지, 나도 형수님처럼 '나의 아이'가 생겼을 때 사랑이란 감정을 느낄 수 있을지, 또한 내가 지니고 왔던 생각과 가치관들을 변화시킬 수 있을지에 대하여 스스로에게 질문을 해보았는데, 역시나 쉽게 답을 내릴 수가 없었다.

형수님의 말을 뒤로 잠시 정적이 이어졌고 유독 고뇌하고 있는 나를 보며 형이 한마디를 건넸다.

"경준아, 너무 어려워하지 마. 때가 되면 다 이해할 거야. 근데 진짜 결혼은 최대한 늦게 해라. 꼭!"

몸은 피곤했지만 생각이 많아지는 레스터에서의 처음이자 마지막 밤은 그렇게 흘러갔다.

다음날 오전, 스윈던으로 돌아가기 위해 짐을 싸고 있던 중 형수님이 무언가를 손에 건네줬다. 고사리와 오징어채, 그리고 밥이 꾹꾹 눌려 담긴 노란 도시락이었다. 가는 길이 머니 중간에 먹으라고 챙겨준 것이다. 순간 마음이 찡해지면서 이런 호의에 어떻게 보답해야 할지 몰라 내가 할 수 있는 모든 영어 단어를 동원하여 고마움을 표현했다. 그리고 쉽게 발걸음이 떨어지지 않아서 뭐라도 해야겠다는 생각에 가족사진을 찍어드리겠다고 했다. 해드릴 수 있는 게 고작 사진 한 장 찍는 것밖에 없었지만 이마저도 기뻐해 주는 형과 형수님의 모습에 조금이나마 마음이 편안해짐을 느꼈다.

사진을 찍고 집을 나서려 할 때 수리와 수연이가 나를 빤히 쳐다보고 있었다. 인형을 선물한 삼촌으로 기억할지 침대를 만들어준 삼촌으로 기억할지 아니면 반대로 나를 기억이나 할지 모르겠지만 환히 웃고 있는 둘에게 다가가 나중엔 더 큰 인형을 선물하겠다고 약속한 뒤 집을 나섰다.

손이 시리고 찬바람이 매섭게 불고 있었지만 내 모습이 사라질 때까지 손을 흔들어 주는 형과 형수님의 모습에 내 마음은 온돌방처럼 따뜻하기 그지없었다. 신세만 지고 가는 것 같아 죄송한 마음도 있었지만 오지 않았으면 후회했을 것 같다는 안도감도 동시에 들었다. 그리고 짧지만 깊게 보낸 레스터를 떠나 집으로 돌아가는 기차 안에서 나는 나 자신에게 다짐 하나를 했다.

"두 분처럼 마음속에 항상 온기를 유지한 채 살아가기로, 그리고 그 온기로 누군가의 마음을 따뜻하게 해줄 수 있는 사람이 되기로."

추웠던 겨울,
분에 넘치는 환대와 귀중한 조언들
그리고 구수한 된장국과 작은 도시락으로
내 마음이 따뜻해졌듯이
훌륭하진 않지만 진심이 담긴 나의 글들로
형과 형수님의 마음이 따뜻한 온기로 가득 차길 바란다.

Finally I have achieved my Dream
Thank you both
So Much

197

형수님의 된장국

팔찌

여느 때처럼 너와 걷고 있었어. 근데 당연히 내 팔에 있어야 할 우리의 팔찌가 보이지 않더라고. 물론 네 앞에서는 말하지 않았어. 너의 기분을 상하게 하고 싶지 않았거든.

잘 때도 씻을 때도 어딜 가든 항상 차고 다니는 팔찌가 어디로 사라졌는지 도통 감이 오질 않더라고. 그래서 한동안 네 앞에서 팔을 드러내지 않았어.

어느 날 밤, 방 불을 끄고 잠에 들려 하는데 이불 속에서 짤랑거리는 소리가 들렸어. 잃어버렸던 팔찌가 이불 안에서 반짝이고 있더라고. 언제 어디서 잃어버렸는지도 몰랐던 팔찌가 나와 가장 가까운 이불 안에 있었던 거야. 그것도 며칠 동안.

너무 익숙해져 있어서 내 팔을 벗어난 것도, 그리고 가장 가까운 곳에 있었다는 것조차 몰랐던 나 자신에게 너무 속상하고 화가 났어. 그리고 그렇게 반짝이던 팔찌를 다시 보는 순간 얼마나 행복하고 소중해 보이던지.

팔찌를 다시 차면서 많은 생각이 들었어.

너를 향한 나의 마음이 이 팔찌처럼 익숙함이라는 먼지에 쌓여 있어 소중함이 가려지진 않았는지, 그래서 너무 당연하게 옆에 있어야 한다고 생각했던 건 아닌지.

그날 이후로 버릇처럼 항상 팔찌를 확인했어.

그리고

못난 내 옆에 늘 팔찌처럼 있어주는 네게 늘 감사함을 느끼고 있어.

잉글랜드 다이어리

두브로브니크의 ㄴ

유럽 여행의 마지막 국가, 크로아티아에서 나를 처음으로 반겨준 곳은 두브로브니크였다. 예약해 둔 호스텔은 등산을 하고 있는 건지 착각할 정도로 높은 언덕에 위치하고 있었고, 캐리어를 가져오지 않은 나 자신을 다시 한 번 칭찬하며 호스텔에 입장했다.

체크인을 기다리며 소파에 앉아 있는데, 데스크 직원 중 한 명이 물었다.

"너 한국인이야? 지금 우리 호스텔에 한국인이 한 명 있는데 같은 방으로 줄까?"

"돈만 더 안 낸다면 상관없어."

좁디좁은 방에 6개의 침대는 숨 막힐 듯이 배치되어 있었다. 하지만 더 심한 곳도 가보았기에 무덤덤하게 짐을 풀기 시작했다. 침대에 잠시 누워 무엇을 할지 곰곰이 생각하다 아무래도 허기를 먼저 채워야 할 것 같아 호스텔 근처에 있는 식당에 들어가 두툼한 스테이크를 시켜 맥주와 곁들어 먹었다. 후식으로 나온 커피와 마늘빵까지 그 어떤 것도 남기지 않고 두둑이 배를 채웠다. 그렇게 식사를 끝내고 눈앞의 아름다운 도시를 즐기려 식당을 나가려는 찰나, 밖에는 갑자기 억수 같은 비가 내리고 있었다. 우산도 없을뿐더러 이런 날씨에 굳이 돌아다니고 싶지 않았던 나는 호스텔로 돌아가 침대에 누웠다. 기분 좋은 포만감과 빗소리의 은은함 때문인지 눈을 감자마자 잠에 빠졌다.

시끌벅적한 소리에 눈을 떠보니 그 좁은 방에 4명이나 들어와 떠들고 있었다. 그중 키가 멀대같이 큰 남자 한 명은 대뜸 호스텔에 있는 사람들끼리 클럽을 갈 예정인데 같이 갈 생각이 있느냐고 물어봤다. 자다 일어나 정신이 없던 나는 얼떨결에 "Yes"라고 답을 했다. 창밖은 이미 해가 떨어져 어두워져 있었고 시계는 오후 9시를 가리키고 있었다. 한두 시간만 자려 했는데 7시간이나 잠에 빠져 있었던 것이다. 계획이 틀어진 것에 대해 약간의 짜증을 느끼며 침대에 계속 누워있는데 도저히 떠드는 소리에 마음의 평온을 취할 수 없어서 일어나 담배를 피우러 밖으로 나갔다. 여전히 시끄러운 방에 다시 들어오니 나갈 때는 보지 못했던 아시아인 여자 한 명이 있었다. 그녀의 침대에 '신라면'이 있는 것을 보고 나는 직감적으로 그녀가 한국인임을 깨닫고 "안녕하세요?"라고 인사를 했다. 하지만 나를 빤히 쳐다보던 그녀는

"Hi!"라고 답을 했다.

'뭐야? 내 말 알아들은 거면 한국인인 거 아냐? 사람 민망하게 왜 영어로 답하는 거야?'

순간 너무도 민망하고 무안했지만 애써 웃음을 지었다.
방에 있던 사람들은 나를 포함하여 총 다섯 명이 있었다. 독일 남자 두 명, 중국 남자 한 명, 한국인인 것 같지만 국적을 알 수 없는 여자 한 명.
클럽에 가기 전 배를 채우고 가자는 독일 남자 한스의 제안에 모두 동의했고 우리는 호스텔 로비에 모였다. 그곳에는 우리뿐만 아니라 클럽에 가고자 하는 네 명의 사람들이 더 있었다.
아홉 명의 무리는 다 같이 호스텔을 나와 근처 펍으로 갔다. 각자 먹고 싶은 음식과 맥주를 먹으며 배를 채운 뒤 곧장 클럽

으로 향했다. 클럽에 들어가기에는 이른 시간이라 생각했지만 그 안에는 이미 수많은 사람이 있었다.

한국의 클럽과는 또 다른 신세계가 내 눈앞에 펼쳐졌다. 다양한 국적을 가진 사람들이 한데 모여 있었고, 어떤 여자는 자신이 룩셈부르크에서 왔다고 소개하며 반갑다고 했다. (왜 반가운지는 모르겠지만 나도 만나서 반갑다고 했다.) 한국에서도 거의 가지 않는 클럽을 막상 오랜만에 와보니 나도 모르게 신이 나기 시작했고, 맥주 한 병을 들고 춤추는 무리에 껴들어 다 같이 춤을 췄다. 그렇게 한창 몸을 흔들고 있는데 뒤에서 누군가가 내 어깨를 툭툭 쳤다.

"아까, 미안했어. 외국인들이 있는데 우리가 한국말로 대화하는 건 매너가 아니잖아."

어깨를 친 사람은 방에서 나에게 무안을 줬던 바로 그 여자였고 내 직감대로 그녀는 한국인이었다.

"괜찮아, 나도 갑자기 한국 사람을 만나니 반가워서 그랬어. 근데 왜 너 반말해?"

"너도 지금 반말하네."

"네가 반말해서 하는 건데?"

"그럼 그냥 반말하자."

그녀는 마치 1년의 364일을 춤출 날만 기다리다가 온 사람처럼 신명 나게 춤을 췄다. 강한 아우라를 내뿜는 탓에 아무도 그녀 옆에 다가가질 못했고, 모든 여자에게 집적대던 한스도 그녀를 보고 혀를 내둘렀다.

그렇게 모든 것을 하얗게 태운 우리 일행은 새벽 4시쯤 클럽에서 나왔다. 비몽사몽 상태로 숙소까지 겨우겨우 돌아온 우리는 곧장 각자의 침대로 돌아가기 바빴다.

오후 2시쯤 눈이 떠졌다. 어제처럼 잠을 자며 시간을 낭비하고 싶지 않았던 나는 급히 씻고 밖으로 나갔다. 대충 허기를 채우고 커피 한잔을 들고 어제는 보지 못했던 두브로브니크를 돌아다니기 시작했다. 전날과 비교했을 때 날씨는 환상적이었고, 스르드산 정상에서 바라본 두브로브니크의 주황색 지붕들은 입을 떡 벌어지게 할 만큼 너무도 아름다웠다, 성벽을 걸으며 풍겨오는 바다 내음은 어느 향수들보다 향기로웠으며, 매력적인 언덕의 계단들과 곳곳의 골목길들은 걸음을 멈추고 끊임없이 셔터를 누르게 만들었다. 무엇보다 두브로브니크 자체가 주는 여유는 남들이 두 걸음을 걸을 때 한 걸음을 걸을 수 있도록 해주었고, 그로 인해 조금 더 천천히, 그리고 조금 더 오래 이곳을 느낄 수 있었다.

　해가 질 때 즈음, 항구 쪽으로 걸음을 옮겼다, 항구의 끝에는 등대처럼 보이는 기둥 하나가 우뚝 서 있었고 그 밑에는 벤치들이 줄지어 있었다. 가장 끄트머리에 있는 벤치에 앉아 이어폰을 귀에 꽂고 볼륨을 최대로 올렸다.

　노을이 지는 아드리아해, 타들어 가는 담배, 그리고 잔잔한 음악들. 허세를 부릴 수 있는 최적의 조건이 완성되었다. 이 세상이 내 것인 것 마냥 분위기에 취해 있다가 문득 고개를 돌려봤는데, 20m 정도 떨어진 벤치에 헤드셋을 낀 채 바다를 바라보는 전날의 그 여자를 발견했다. 부르면 쳐다볼 수 있을 정도의 거리였지만, 굳이 부르지 않았다. 부를 이유도 없었고, 무언가 깊은 생각에 빠진 듯 보이는 그녀를 방해하고 싶지 않았다.

　한 시간 정도를 그 벤치에 앉아 있었던 거 같다. 한국으로 돌아가면 당장 뭘 해야 하는지, 0에 가까워지는 통장 잔고를 어떻게 다시 채울지, 복학은 정말 해야 하는 건지, 한국으로 돌아가면 행복할 거라고만 생각했지만 막상 귀국을 앞에 두고 덜컥 밀려오는 막막함과 캄캄함에 많은 생각에 빠졌다. 담배는 반 갑이나 피웠고, 바닷바람은 점점 거세졌다. 배에선 꼬르

형수님의 된장국

륵 소리가 요동을 치고 있었고 더 이상 허세를 부리다간 얼어 죽을 것 같은 생각에 벤치에서 일어나 저녁을 먹기 위해 발걸음을 옮겼다.

"어디 가?"
그녀가 큰 목소리로 소리쳤다.

"저녁 먹으려고, 안 먹었으면 같이 먹을래?"
"나는 커피 마시고 싶은데, 너 밥 먹는 거 기다릴게. 같이 커피 마시자."

남을 기다리게 하는 것을 싫어하는 나는 햄버거 2개를 게눈 감추듯이 먹었다. 그리고 우리는 그나마 사람들이 덜 앉아있는 노천카페로 들어갔다. 자리에 앉자마자 담배에 불을 붙였고 뜨거운 아메리카노를 시켰다.

그녀의 이름은 L, 나와 동갑내기 친구였다. 빈에서 미술을 전공하며 호스텔에서 아르바이트를 하는 대학생이었고, 며칠 전 남자친구한테 이별 통보를 받은 뒤 모든 걸 중지시키고 이 곳으로 여행을 왔다고 했다. L과 나는 생각보다 얘기가 잘 통했다. 공감대는 끊임없이 터져 나왔고, 그 공감대로 인해 다른

주제들이 꼬리를 물며 새어 나왔다. 우리는 마치 오랜만에 만난 친구처럼 쉴 새 없이 떠들고 있었다.

심오하지만 시답지 않고, 지루하지만 더 듣고 싶고, 슬프지만 재밌는 이야기들이 오고 갔다. 담배를 뻐끔뻐끔 피우면서 다 식은 아메리카노를 홀짝거리며 하나하나 불이 꺼져가는 거리에서 우리 딴에는 중요하다고 생각하는 것들에 대하여 깊은 대화가 오고 갔다.

자유로운 영혼,
정말 진부한 표현이지만 이것이 L에게 딱 어울리는 말이다.

L이 나에게 말해주었던 자신의 가치관이나 생각들은 '세상에 정말 다양한 사람들이 많구나.'라는 것을 다시 한 번 느끼게 했다. 또한 그녀에 비해 나의 영혼은 너무도 갇혀있으며 작기만 하다는 것을 몸소 깨닫는 순간이기도 했다.

12시가 넘어가자 우리가 앉아 있던 커피숍도 불을 꺼버렸다. 예고도 없이 불을 꺼버리니 더 이상 앉아 있을 수 없어 자리에서 일어났다. 숙소로 돌아갈 줄 알았지만 L은 바다를 더 보고 싶어 했고, 같이 가주고 싶었지만 다음날 이른 새벽에 떠나야 했던 나는 일찍 잠에 들어야 했다. 그렇게 불 꺼진 거리에서 L은 항구로, 나는 숙소로 돌아가며 작별 인사를 했다.

다음날 새벽, 모두가 자고 있는 방에서 최대한 조용히 짐을 챙겨 나왔다. 다행히 아무도 잠에서 깨질 않았고 그중에는 L도 있었다.

둘 다 쿨한 척을 하고 싶었던 건지 아니면 각자가 말한 가치관과 신념에 따라 사는 모습을 보여줄 자신이 없었던 건지 서로의 연락처나 SNS 아이디를 묻지 않기로 했다. 그래서인지 두브로브니크의 L에 대한 기억은 3년 전의 그 순간에만 머물러 있으며 그녀가 아직도 해외에 있는지 아니면 한국으로 돌아왔는지는 알 길이 없다. 하지만 그녀와의 짧은 추억이 썩 나

쁘지는 않았기에 기회가 된다면 그녀를 다시 만나 그때처럼
커피 한잔을 꼭 마시고 싶다.

그때도 역시
살아온 삶이 아닌
살아갈 삶에 대하여
얘기할 수 있는
우리가 되어있길 바라며

형수님의 된장국

일기

영국에서의 삶을 시작한 뒤로 하루하루 일기를 쓰곤 했다. 한국과 다른 환경, 낯선 문화, 새로운 사람들, 그리고 그 안에서 느꼈던 감정들뿐만 아니라 중요한 일부터 사소한 것까지 모든 걸 빠짐없이 적어두었으며, 때로는 실수를 되돌아보는 반성과 힘든 하루에 대한 푸념을 늘어놓기도 했다. 하루하루가 새로운 시기였던 것만큼 적을 거리는 매일 넘쳐났으며 한 장으로는 부족했는지 두세 장을 넘기며 하루를 기록하는 것은 매우 흔한 일이었다.

또한 일기를 쓴 후에는 항상 지나간 하루를 되돌아보는 시간을 가졌는데 영화 '어바웃 타임'의 주인공처럼 실제로 시간 여행은 할 수는 없었지만 머릿속으로 그날을 다시 살아보며 내일은 조금 더 적극적이고 새로운 하루를 만들겠다는 다짐을 하곤 했다.

이만큼 일기는 단순한 기록 이상으로 나의 하루를 완벽히 마무리하는데 아주 중요한 일과였으며 밖에서 묻혀온 생각들과 스트레스들을 모두 털어버린 채 잠에 들 수 있게 해주는 고마운 존재였다.

그런데 어느 날부터 일기를 적는 시간이 점점 짧아지고 있다는 것을 느꼈다. 누군가에게 보여 주기 위함도, 의무감으로 적는 것도 아니었지만 하루의 중요한 부분을 차지하던 시간이 평범한 일과로 변해가고 있었고, 그것을 도저히 견딜 수 없었던 나는 일기가 짧아진 이유를 찾기 위하여 지나간 날들을 되돌아보고 적어왔던 일기들을 다시 읽어보았다.

그리고 며칠을 그렇게 지내던 어느 날, 일기를 쓰려고 책상에 앉은 저녁, 문득 그런 생각이 들었다.

'무엇을 써야 하지?'

한참 동안 저 질문에 답을 내릴 수 없었지만 그제야 일기가 짧아진 이유를 찾을 수 있었다.

모든 것이 새로웠던 그곳도 결국 시간이 지남에 따라 익숙

214

잉글랜드 다이어리

해졌던 것이고 일기가 짧아진 이유는 결국 어제와 다를 바 없는 하루의 연속이었기 때문이다. 나의 일기는 "아침, 점심, 저녁에 무엇을 했다. 그래서 기분이 좋았다."와 같은 초등학교 때나 쓰던 일기가 되고 있었고, 무엇을 느꼈는지보다 무엇을 했는지가 중심이 된 기록지에 지나지 않았다.

이런 이유로 당시 나는 일기를 계속 적어야 하는 것인지, 아니면 그만 덮어둬야 할지 정말 많은 고민을 했다. 하루하루가 똑같이 흘러가는 일상을 계속 적는 것이 무슨 의미가 있는지 도통 답을 찾을 수 없었기 때문이다.

하지만 모든 날을 기록하겠다는 나 자신과의 약속을 저버리긴 싫었고, 무엇보다 멈춰진 일기를 보며 후회할 내 모습이 눈에 선해 일기를 계속 적기로 마음먹으며 어제와 다를 바 없는 하루를 어제와 다른 하루로 살아보기 위하여 작은 것부터 바꾸기 시작했다.

관심도 없던 도서관에서 책을 읽어보고 눈인사만 하던 이웃들에게 말을 붙여 봤으며 익숙해진 방의 구조를 바꿔보았다. 또한 집 앞 공원에 앉아 밤하늘을 바라보았고 늘 마시던 홍차 대신 다른 종류의 홍차를 마셨다. 버스만 타던 거리들도 직접 걸어 보았다.

또한 존재의 이유를 상실했던 카메라를 들고 옆 동네를 가보고 시간이 생기면 더 먼 동네를 가보았다. 주말이 되면 가까운 도시를, 휴가라도 받은 날엔 먼 도시를 가거나 비행기를 타고 아예 다른 나라로 가버렸다.

아무리 사소한 것이라도 조금씩 변화를 줘보니 고장 난 물레방아처럼 멈춰있던 나의 일상은 금세 물줄기를 쏟으며 천천히 돌아가고 있었고, 어제와 다른 날을 지낸 하루의 일기는 다시금 예전처럼 풍성해졌다. 그럼에도 불구하고 나의 일상이 다시 단조로워지거나 일기가 점점 줄어드는 것이 느껴질 때면 망설임 없이 새로운 무언가를 찾아 나섰다. 그렇게 행복하지 않더라도 어제와 다른 하루를 살기 위해 끊임없이 노력했다.

그 노력이 헛된 것은 아니었는지 짧아질 만하면 길어지고 얕아질 뻔하면 깊어지기를 반복한 일기는 일관성이 없지만 참 매력적인 흔적들이 되었고, 그 흔적들은 현재 한 권의 책이 되어가고 있다.

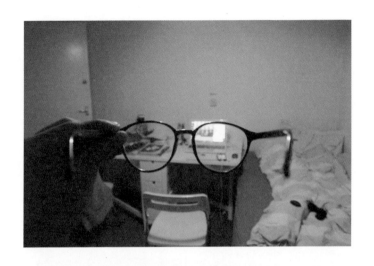

형수님의 된장국

배낭을 메면서

여행 중, 나는 배낭을 잘 내려놓지 않았다.

벤치에 앉아 휴식을 취할 때도, 버스나 기차를 기다릴 때도
커피숍에서 잠시 커피를 마실 때도 항상 어깨에 메고 있었다.

한번 내려놓은 배낭을 다시 짊어지는 것이 너무 힘들어
늘 그렇게 무거운 배낭을 내려놓지 않았다.

미련하게도.

나를 둘러싼 인간관계에서 나는 항상 모든 끈을 잡고 있었다.
곧 끊어질 걸 알면서도, 더 이상 잡고 있는 것이 힘겹고 버거

워도, 이제는 내 것이 아님에도 모든 끈을 잡고 있었다.

한 번 내려놓은 관계에 다시 손을 내미는 것이 너무 힘들어 그 많은 끈을 항상 잡고 있었다.

미련하고
이기적이게도.

안녕, 할머니

초등학교도 입학하기 전, 집에서 엄마에게 된통 혼이 나는 날이면 나는 집을 뛰쳐나와 무작정 할머니 집으로 울면서 걸어가곤 했다. 지하철 두 정거장보다 조금 더 먼 길을 어린애가 겁도 없이 혼자 걸어갔던 것이다. 그렇게 우여곡절 끝에 도착하면 매번 할머니는 옷자락으로 눈물범벅이 된 내 얼굴을 닦아주며 계란을 잔뜩 묻힌 토스트를 해주셨다. 설탕에 찍어 먹으면 얼마나 달고 맛있던지, 아직도 그 맛을 잊지 못한다.

20년 후 또다시 나는 울면서 할머니가 있는 곳으로 뛰쳐 갔다. 하지만 이제 나는 할머니보다 훨씬 키가 커 있었고, 내 얼굴을 닦아줄 옷자락은 풀어 헤쳐진 환자복이었으며, 토스트를 만들어 줄 손에는 많은 호스가 연결되어 있었다. 그리고 할머니는 사랑하는 손자가 앞에 왔는데도 제대로 바라보질 못하셨다. 아니 눈을 뜨질 못하셨다.

할머니, 나는 참 못된 손주야, 그렇지? 전화도 자주 못 했고 근처에 살았음에도 많이 찾아가질 못했어. 바쁘다는 핑계로 할머니를 가끔씩 잊고 살았던 것 같아. 그리고 지금 내가 너무 후회되는 건 할머니에게 사랑한단 말을 한 번도 못했다는 거야.

나는 우리 할머니가 무지 보고 싶어. 근데 어렸을 때처럼 울고불고 뛰어가도 이제는 그 어디에도 할머니가 없네? 하늘로 향하는 길이 있었으면 단숨에 뛰어갈 텐데.

우리 할머니 하늘로 가기 전 3일 동안, 나 엄청 힘들었던 거 알아? 나도 다른 사람들처럼 울고 싶었고 위로받고 싶었는데, 장손이니깐 입술만 깨물면서 할머니 옆에 앉아 있었어. 안아 주는 사람도, 손잡아주는 사람도 한 명 없더라.

태어나서 처음으로 화장실에서 수도꼭지 틀고 울어 봤어. 참 별짓을 다 했지? 주책스럽게.

그만큼 내가 우리 할머니를 진짜 많이 사랑해. 그리고 누구보다도 할머니가 무척 보고 싶어. 그러니깐 내 꿈에 한 번만 나타나 주면 안 될까? 보청기 빼고도 크게 들릴 만큼 내가 큰 소리로 사랑한다 말해줄 수 있는데….

할머니, 나는 잘 살고 있어. 가끔 힘들기도 하지만 나름 행복을 느끼며 살고 있어. 그리고 앞으로도 할머니가 뿌듯해 할 만큼 더 행복하게 살 거니깐 너무 걱정하지 말고 그곳에서는 아프지 말고 쉬고 있어. 먼 훗날 내가 할머니를 보러 가게 되면 그때는 갈비뼈가 으스러질 정도로 꼭 안아줄게. 그때까지 그곳에서 할머니 좋아하는 고스톱도 치고 가요무대도 보고 물을 많이 탄 믹스커피도 마시면서 기다려줘.

그럼 어느 날, 웃으면서 내가 할머니 앞에 나타날 거야. 큰 소리로 외치면서.

안녕, 할머니!

93 5 16

형수님의 된장국

Like me, Like you

Like me, Like you

꽃을 보러 가는 길, 휠체어에 몸을 의지한 메이 할머니가 물었다.

"실례가 안 된다면 몇 살인지 물어봐도 될까?"

말수가 적은 그녀의 질문에 놀란 나는 휠체어를 멈춘 뒤 답했다.

"25살이요."

꽃을 바라보던 그녀에게 물었다.

"만약 저처럼 25살로 돌아간다면 무엇을 하고 싶으세요?"

곰곰이 생각하던 그녀가 답했다.

"나도 누군가의 휠체어를 밀어주는 삶을 살아 보고 싶어, 너처럼."

로마의 법

순탄했던 나의 여행은 일정의 중간쯤인 로마부터 삐걱대기 시작했다. 우선 새벽 비행기를 예매한 탓에 바르셀로나 공항에서 노숙을 해 상당한 피로감을 느끼며 피우미치노 공항에 도착하였고, 로마의 쌀쌀한 날씨와 매서운 새벽바람은 그 피로감을 더 진하게 만들고 있었다. 커피 한 잔이 절실하게 필요한 순간이었지만 그럴 새도 없이 사람들이 붐비는 터미널에서 힘겹게 표를 끊어서 테르미니역으로 향하는 버스에 몸을 실었다. 버스가 출발함과 동시에 귀에 이어폰을 꽂고 노래 한 곡을 다 듣기도 전에 기절했다.

넋을 놓고 자다가 사람들이 내리는 인기척에 깜짝 놀라 일어났지만 다행히도 테르미니역 바로 전 정류장이었다. 정신을 차리고 내릴 준비를 하다가 습관적으로 없어진 것은 없는지 가방과 주머니를 확인하였고, 늘 그랬듯 모든 것들은 제자리에 있었다. 하지만 무언가 허전함을 느껴 다시 한 번 확인하였는데, 역시 등잔 밑이 어둡다더니 여권, 지갑, 카메라, 휴대전화 등 중요한 것들은 모두 그대로 있었지만 놀랍게도 쓰고 있던 모자가 보이지 않았다.

뒤로 떨어진 건 아닌지 운전기사가 뭐라 하든 말든 일어나서 주위를 샅샅이 뒤지기 시작했고 혹시나 해서 옆에 앉아 있던 노신사에게까지 물어봤지만 그는 고개를 저을 뿐이었다. 여행에 지장을 줄 만큼 소중한 물건은 아니었지만, 전날부터 씻지도 못해 상당히 꾀죄죄했던 내 모습을 조금이라도 가려야 했기에 필사적으로 모자를 찾기 위해 노력했다. 하지만 버스는 테르미니역에 도착했고, 결국 모자를 찾지 못한 채 버스에서 내릴 수밖에 없었다.

가져갈 게 없어서 모자를, 게다가 쓰고 있던 모자를 가져가다니. 런던, 파리, 바르셀로나 등 여러 대도시를 돌아다니면서 단 한 번도 소매치기나 물건을 잃어버린 적이 없었는데, 로마의 첫 시작부터 이곳이 만만치 않다는 것을 몸소 느낄 수 있었다.

229
Like me, Like you

숙소에 도착하자마자 깊은 잠에 빠져들었고, 저녁 6시 즈음 눈이 떠졌다. 마음 같아서는 계속 누워 있고 싶었지만, 로마라는 곳까지 와서 하루를 잠으로 보낼 수 없어서 민박 사장님이 주신 빵으로 대충 허기를 채운 뒤 밖으로 나갔다. 피로가 완전히 풀리지 않았지만, 산뜻한 바람이 불고 노을이 지는 로마의 거리를 걷고 있으니 내 마음은 다시 여행자의 호기심으로 가득 차고 있었다.

정처 없이 걷던 나는 사람들이 구름같이 모여 있는 콜로세움 앞에서 발걸음을 멈췄다. 그리고 한참을 서서 그것을 바라보다 왠지 들어가 봐야 할 것 같은 의무감에 계획에도 없던 콜로세움 입장권을 구매했다. 하지만 너무 큰 기대를 했던 것일까? 큰 흥분감을 가지고 입장한 콜로세움은 내가 생각했던 것과는 약간 달랐다. 영화나 TV에서 보았던 것과는 다르게 생각보다 크지 않은 느낌이었다. 콜로세움에 대해 아는 거라곤 과거 전사들이 혈투를 벌이던 장소라는 것밖에 없어서 이곳에 대해 공부를 해오지 못한 것을 크게 후회했다. 오랜 역사와 문화적으로 위대한 가치, 건축물로서의 웅장함까지 콜로세움은 너무나도 대단한 곳이었지만 더 이상의 흥미를 느끼지 못할 정도로 무지한 탓에 들어온 지 30분도 채 되지 않아 출구를 찾는 데 급급했다.

　오히려 안이 아니라 밖에서 보는 콜로세움에 매력을 더 느꼈던 것 같다. 바로 아래서 쳐다보면 인간은 한없이 나약한 존재라는 것을 깨닫게 해줬고, 하늘을 배경으로 올려다보면 위대함과 웅장함을 느낄 수 있었으며, 푸른 나무와 함께 바라보면 세심함과 정교함을 엿볼 수 있었다. 이렇게 어느 방향에서 보느냐에 따라 완전히 달라지는 콜로세움은 나를 사로잡기에 충분했으며 하늘이 어두워지면서 조명과 함께 어우러지는 그 건물은 감탄과 셔터를 연발케 했다.

그 큰 원형 건물을 계속 뺑뺑 돌다 지쳐 잠시 벤치에 앉아 휴식을 취하고 있었다. 설상가상으로 배고픔과 갈증까지 느껴 숙소로 돌아갈지 아니면 조금 더 밖에 머물지 심히 고민하고 있었다. 그렇게 생각에 빠져 카메라만 만지작거리는데 누군가가 내 옆으로 다가오고 있음을 느낄 수 있었다

"Are you from korea?"

큰 키와 잘생긴 얼굴, 말끔한 정장과 포마드 기름으로 머리를 한껏 추켜올린 그는 누가 보아도 전형적인 이태리 남자였다. 별거 아닌 질문이었지만 경계심에 사로잡혀 있던 나의 대답은

"Yes, Any problem?"

정말 무례한 답변이었다. 내가 너무 예민했던 것도 있지만, 유럽의 많은 대도시를 거치며 불순한 목적으로 접근해왔던 비렁뱅이들과 집적대는 집시들을 경험해본 이상 먼저 말을 걸어오는 사람을 경계하는 건 어찌 보면 내게 당연한 일이었다.

그 사내는 갑자기 내 옆에 앉더니 물어보지도 않은 말을 하기 시작했다. 자신이 몇 년 전에 한국에 여행을 갔었다, 서울

은 정말 멋진 도시였으며 사람들이 친절하여 다시 한 번 가보고 싶다, 또한 부산과 대구도 가봤는데 대구에서 먹었던 돼지의 내장 음식이 정말 맛있었다, 근데 음식의 이름이 기억이 나질 않는데 알려줄 수 있느냐 등의 내용이었다.

대답 한 번 하지 않고 그 사내의 말을 한 귀로 듣고 한 귀로 흘리고 있다가 무의식적으로 "막창?"이라고 답을 하였고, 그 사내는 박수까지 치며 바로 그것이라고 혼자 신 나 있었다. 대화의 물꼬를 튼 것에 성공했다고 생각한 그는 그 이후로 쉴 새 없이 말을 했고 나는 이 자리를 벗어날 타이밍만 잡으며 그의 말에 대충 대답만 해주고 있었다.

하지만 그가 로마는 소매치기와 도둑들이 많아 관광객들이 항상 경계해야 한다는 말을 했을 때 나도 모르게 "맞아!"라고 크게 소리쳤다. 대뜸 큰소리를 치자 눈이 휘둥그레진 그는 무슨 일이 있었냐고 물어봤고 나는 하소연을 하듯 아침에 모자를 도둑맞은 얘기를 해줬다. 대구에서 막창까지 먹어본 그에 대한 경계심은 그 뒤로 서서히 없어지기 시작했으며 일방적으로 대답만 하던 나는 그 순간부터 제대로 된 대화를 시작했던 것 같다.

한껏 신 난 그는 대뜸 콜로세움을 가장 잘 감상할 수 있는 장소를 알려주겠다며 그곳에서 대화하는 것이 어떠냐고 물었고,

딱히 상관이 없던 나는 그 사내를 따라갔다. 콜로세움을 한 번이라도 가본 사람들은 기억할 수 있을 것이라고 생각하는데, 콜로세움 앞에는 낮은 구릉이 하나 있고, 그곳에는 여러 사람이 앉을 만큼 널찍하게 잘린 나무가 하나 있다. 사내는 나를 그곳에 앉히고는 정말 아름다운 곳이라며 혼자 분위기에 취해 있었다. 기대한 만큼 대단한 곳은 아니었지만 확실히 그곳에 앉아있으니 파노라마 사진을 찍은 것처럼 콜로세움을 한눈에 감상할 수 있었다.

"이 멋진 곳에서 술이 없다니, 와인 한잔 할래?"

극도의 갈증을 느끼며 뭐든 마시고 싶어서 흔쾌히 승낙했다. 그러자 그 사내는 이 자리에 앉아서 마시는 게 어떠냐고 물었고 그게 가능하냐는 질문에 손가락으로 어딘가를 가리켰다.

"저기 어딘가에 와인을 테이크아웃 잔으로 마실 수 있는 곳이 있어. 근데 우리 둘이 가면 이 자리를 빼앗길 수 있으니 둘 중 한 명이 가서 사오는 게 어때?"

이곳의 지리를 잘 알지도 못하고 그가 가리키는 곳이 정확

히 어딘지도 몰라서 내가 이 자리를 지키고 있겠다고 했다. 와인 한 잔이 얼마냐고 물어보니 자기도 정확한 가격은 모르지만 5유로 정도면 살 수 있을 거라 했다. 지갑에는 동전도 5유로짜리 지폐도 없어 어쩔 수 없이 10유로 지폐를 건네며 잔돈을 부탁했다. 사내는 나의 돈을 꼭 쥔 채 금방 돌아오겠다고 말하며 발걸음을 옮겼다. 하지만 멀어지는 그 사내의 뒷모습을 바라보며 나는 직감적으로 불안한 무언가를 느꼈다.

'에이 설마….'

설마가 사람 잡는다더니 결국 그는 돌아오지 않았고 뜬눈으로 10유로를 뺏긴 나는 타들어 가는 속을 진정시키며 하염없이 콜로세움만 바라보았다. 돈 몇 푼을 위해 1시간을 넘게 떠든 그 사내의 노력과 의지에 박수를 보내며, 로마에 왔으면 로마의 법을 따르자는 말로 자기 합리화를 하며 고픈 배를 부여잡고 그렇게 그곳에 계속 앉아 있었다.

밤하늘은 달빛이 수를 놓고 있었고, 내가 앉아 있던 자리는 담배꽁초로 수를 놓고 있었다.

로마의 밤이 어찌나 예쁘던지 밤하늘마저 예쁘지 않았다면 아마 화병으로 몸져누울 뻔한 강렬한 로마의 첫날이었다,

죄송합니다 교수님

"경준아, 어른이 된다는 건 자기가 하고 싶은 걸 하나씩 포기하면서 나아가는 과정이야. 그런 면에서 너는 아직 어른이 덜 됐어."

나를 영국이라는 곳으로 인도해주시고 나아가 내 인생을 바꿔준 우리 박선영 교수님께서 해주신 쓰디쓴 조언이었다. 늘 가벼운 마음으로 연구실을 찾아갔다가 무거운 마음으로 나오는 것에 적응이 됐지만 저 날만큼은 마음뿐만 아니라 온몸이 무거워진 채로 연구실의 문을 닫았다.

'어른이 된다는 것은 하고 싶은 걸 포기해야 하는 것?'

이 말이 끊임없이 머릿속에 맴돌아 정말로 나라는 인간이 어른이 되려면 아직 먼 것인지, 내가 무엇을 포기해야 어른이 될 수 있는 것인지, 그리고 그런 어른이 되었을 때 내가 얻게 될 행복은 얼마나 큰지에 대하여 며칠간 깊은 생각에 빠져 지냈다.

그리고 그 깊은 생각의 결론은 결코 교수님이 좋아할 답변이 아니었기에 얼굴을 마주 보고 말씀드릴 용기가 없어 이 책을 통해 교수님께 짧은 편지를 써보고자 한다.

마음 깊은 곳으로부터 존경하고 정말로 사랑하는 우리 교수님! 죄송합니다. 처음이자 마지막으로 교수님의 말을 듣지 않기로 마음먹었습니다.

아무래도 저는 철이 덜 들었나 보네요. 아직은 제 손에 있는 것들을 포기하고 싶지도 않을뿐더러 하고 싶은 거 다 하면서 살고 싶은 마음이 더 강합니다.

교수님이 해주신 모든 말씀은 틀린 말이 아닙니다. 어른이 된다는 것은 참 쉽지가 않은 과정이죠. 하지만 좋아하는 일을 했을 때의 행복과 좋아하는 일을 포기하고 이루어낸 행복의 값이 과연 같을 수 있을지 저는 잘 모르겠습니다.

"아니~ 자네"라는 말과 함께 혼내실 거 다 알고 있습니다. 하지만 교수님, 저는 교수님의 칼날 같은 충고와 꾸짖음을 먹고 성장한 놈이고 여전히 성장통을 겪고 있는 제자일 뿐입니다.

30대가 돼도, 40대가 돼도 진정한 어른이 되기까지 저는 교수님의 꾸짖음을 계속 듣고 싶습니다.

철없는 저를 이해해주십시오.

Like me, Like you

왜 진작 말하지 않았어?

말문을 막게 하는 말
전적으로 모든 걸 내 책임으로 돌리는 말
하기도 듣기도 싫은 말

그럼 그렇게 힘들어할 때
왜 진작 눈치채지 못했어?

기네스 한 잔만을 위하여

　나는 어떤 맛집의 소문난 음식을 먹기 위해 먼 길을 떠나는 사람들을 당최 이해할 수 없던 사람이었다. 한 시간도 안 될 식사를 위해 더 많은 시간을 할애하고 운이 없으면 줄까지 서가며 그것을 기다려야 하는 것이 굉장히 어리석은 행동이라 생각했기 때문이다.

　하지만 그랬던 내가 식사도 아닌, 단지 맥주 한 잔을 위해 바다를 건너는 어리석은 행동을 한 적이 있다.

　목을 타고 넘어가는 부드러움, 얼굴을 찡그리기보다는 천천히 눈을 감게 만드는 편안한 맛, 그리고 기다림을 아는 자에게 최고의 맛을 선사하는 그 맥주, 바로 정통의 기네스 한 잔을 위해 비행기를 타고 더블린으로 향했다.

스윈던에서 기차를 타고 브리스톨 공항으로, 브리스톨 공항에서 바다를 건너 더블린으로, 더블린 공항에서 버스를 타고 템블 바까지 정말 많은 시간과 돈을 들여 나의 목표를 성취하기 위해 달렸다.

오직 기네스 한 잔만을 위해서

그리고 고생 끝의 그 기네스 한 모금을 마셨을 때 나는 비로소 깨달았다.

어리석다고 생각했던 것은 결코 어리석은 것이 아닌 인간의 숭고한 본능이라는 것을.

243

Like me, Like you

부탁인지 심부름인지

"일본 간다며? ○○○초콜릿 알지?"

"캄프 누 가서 유니폼 하나만 사와 줘. 돈 보내줄게."

"면세점에서 담배 한 보루만 사다 줘."

"큰 건 아니고 그 나라 상징 같은 기념품 하나만 부탁해."

지인의 홀가분한 여행길에 짐을 지우지 말아주세요.

당신이 아무렇지 않게 요청한 부탁은 여행자에겐 그저 심부름입니다.

거절하면 치사하다거나 야박하다는 소리를 들을 부담스러운 심부름.

지인의 여행을 통해 자신의 장바구니를 비우려 하지 마세요.

정 없게 들리겠지만, 당신이 소중한 존재라면 아마 필요한 것
이 없는지 먼저 물어오거나 어련히 호의를 베풀지 않겠습니까?

여행은 자기 자신을 채우러 가는 것이지
당신의 물건을 내 가방에 채우는 일이 아니잖아요.

England Diary 10

내가 느낀
17가지 영국

내가 느낀 17가지 영국

1. 우산을 쓰면 나만 이상한 사람이 되는 기분
2. 운전대 위치가 반대, 당연히 버스가 오는 방향도 반대
3. 지하철을 타면 휴대전화가 먹통
4. 한국 사람이면 울화통이 터질 만한 인터넷 속도
5. 그릇의 거품을 물로 헹구지 않고 마른 수건으로 닦는 설거지 방식
6. 도로에서 도통 들을 수 없는 자동차 클랙슨 소리
7. 놀랄 만큼 저렴한 마트의 물가와 더 놀랄 만큼 비싼 식당의 밥값
8. 일기예보를 볼 필요가 없는 날씨
9. 새벽이 아닌 저녁에 축구를 볼 수 있는 즐거움
10. 너무 일반적이었지만 나만 하지 못했던 무단횡단

11. 입맛이 저급인 자조차 먹지 못할 몇몇 음식들

12. 눈을 마주치면 미소를 짓는 사람들

13. 나보다 나이가 많다는 이유로 궁금하지도 않은 조언이나 충고를 하지 않는 사람들

14. 군이 미안해할 상황이 아닌데도 "Sorry"를 자주 말하는 사람들

15. "먼저 하세요", "고마워요"가 입에 배어있는 사람들

16. 티를 내지 않지만 가끔씩 느껴지는 차별

17. 터놓고 내 얘기를 하지만 정작 자신의 얘기를 하지 않는 사람들

- 극히 주관적인 경험 -

아테네의 장미

늦은 밤 도착한 아테네, 두리번거리며 길을 걷던 나는 대뜸 나의 앞을 막는 어린 소년 탓에 걸음을 멈췄다. 그리고 그 소년은 'Two Euro'를 외치며 장미 한 송이를 내게 내밀었다.

꾀죄죄한 얼굴 속의 똘망똘망한 두 눈을 그냥 지나칠 수 없어 급히 주머니를 뒤져 보았다. 하지만 손에 잡히는 건 저녁을 먹기 위해 남겨뒀던 5유로 동전뿐이었고 지갑에는 카드뿐이었다.

짧은 찰나에 많은 갈등을 했다. 과소비를 한 탓에 극히 줄어든 저녁값의 일부를 이 소년에게 주고 단품 햄버거를 먹어야 할지, 아니면 이 소년을 외면하고 나에게 조금 더 포만감을 줄 수 있는 햄버거 세트를 먹어야 할지.

결국 배고픈 소크라테스보다 배부른 돼지가 되기로 결심하고 소년에게 미안하단 말을 한 뒤 사람들이 북적거리는 맥도날드로 향했다.

5유로를 꽉꽉 채워 치즈스틱까지 시킨 나는 앞에 펼쳐진 진수성찬에 큰 행복감을 느끼며 햄버거를 입에 물었다. 하지만 게걸스럽게 햄버거를 먹어치우던 중 우연히 창밖을 바라보다 아까 그 소년이 마지막 장미 한 송이를 들고 바닥에 앉아 있는 것을 보았다.

순간 목이 메어 앞에 놓인 콜라를 벌컥벌컥 마셨지만 그 소년을 바라봤을 때 생긴 미안함은 사라지지가 않았다. 그렇게 맛있던 햄버거는 더 이상 아무 맛이 느껴지지 않았고 나의 배부름이 창피하기까지 했다.

배부른 돼지가 되기로 한 것이 이기적인 선택이었던 건지 그 순간 헤어나올 수 없는 딜레마에 빠졌다.

내가 그 장미를 사줬더라면 저 소년은 차가운 길바닥이 아니라 따뜻한 집에 앉아 있었겠지?

잉글랜드 다이어리

내가 느낀 17가지 영국

나를 바라보는 시선

길고 덥수룩한 머리 위의 벙거지 모자, 정돈 안 된 지저분한 수염, 무릎이 다 늘어난 추리닝, 보푸라기로 가득한 후드 티, 오른손에는 카메라, 왼손에는 액정이 깨진 휴대전화, 등에는 몸집만 한 배낭

누가 보면 거지라 해도 할 말이 없는 여행 중 나의 모습이었다. 하지만 어렸을 적부터 꾸밈없는 모습으로 배낭 하나를 멘 채 여행하는 것이 로망이었기에 26살이 되어서야 그 로망을 실현할 수 있었다.

하루하루가 너무나 행복했고, 기쁨의 연속이었다. 나의 꿈이 실현되는 매 순간이 소중했고 이 시간이 끝나지 않기를 늘 바랐던 것 같다.

범죄를 저지르지 않는 이상, 이런 내 모습에 신경을 쓰거나

뚫어지게 쳐다보며 숙덕대는 사람은 단 한 명도 없었고, 나 또한 다른 사람을 신경 쓰지 않은 채 편하게 여행할 수 있었다.

하지만 한국으로 돌아온 뒤 다시 예전의 내 모습으로 돌아왔다. 조금만 평범함을 벗어나도 시선의 집중과 숙덕거림의 대상이 되는 곳에서 소심하고 눈에 띄는 걸 싫어하는 나는 버틸 자신이 없었다.

그리고 여전히 그때를 그리워하며
변변찮게 살아가고 있는 중이다.

파리의 안식

경준아! 우리가 연애를 하다가 가장 많이 싸우게 되는 이유가 뭘까?

음… 아무래도 상대방이 원하는 행동을 하지 않았을 때? 연락이 안 될 때? 날 알아주지 않았을 때?

그렇지. 근본적으로 상대방이 나에 대해 알아주길 바라는데 그러질 못할 때 가장 많이 싸우는 것 같아.

맞아, 생각해보면 연애를 하면서 "넌 날 잘 몰라" 이 소리를 가장 많이 들었고 많이 말했던 것 같아.

그럼, 경준아! 너는 널 잘 알아?

음… 나는 나를 잘 안다고 생각하지만, 지나온 삶을 돌이켜 보면 '그때 왜 그런 결정과 말, 행동을 했을까? 그건 나답지 않은 행동이었는데' 이러한 것들을 많이 느꼈던 것 같아. 이렇게 보면 나도 나 자신을 정확히 안다고는 말 못하겠지?

맞아, 나도 나 자신을 잘 모르는데 어떻게 남이 나를 알아주길 바라냐 이거야. 편의상 우리가 어떤 사람은 내성적이고 어떤 사람은 외향적이라고 정해 놓지만 내 안에도 내가 모르는 여러 가지 모습이 있는데 어떻게 감히 누군가를 잘 안다고 말할 수 있는지 모르겠어.

그럼 나도 잘 모르는 나의 여러 가지 모습을 상대방이 알아주길 바라는 것 자체가 오만하다고 할 수 있다는 거네?

격하게 표현하면 오만하다고 할 수 있지만 '인간은 절대 자신과 타인을 완벽하게 이해할 수 없다'는 사실을 받아들이고 이해해줘야 한다고 생각해. 그것이 인간관계의 시작이고 사랑이 아닐까?

어쩌면 누군가를 안다는 확신은 내가 원하는 모습만 알고 싶어 하는 이기
심인지도 모르겠네.

– 에펠탑을 바라보며 릴루아 안식이와 나눈 대화 –

J에게

인스타그램에 업로드한 나의 사진에 댓글이 달렸다.

"아, 여기 내가 프랑스에서 제일 가고 싶은 곳인데 부러워."

형편없던 호스텔의 조식을 뒤로한 채 커피만 홀짝이다가 그 댓글을 보고 잠시 생각에 빠졌다. 그것은 바로 교복을 입고 급식을 먹던 시절, 약 1년여간 짝사랑했던 J가 단 댓글이었기 때문이다.

환히 웃는 프로필 사진 속 J는 내가 변한 만큼이나 많이 변한 모습이었지만 10년 전의 얼굴은 여전히 그대로였으며 나를 반하게 했던 그 미모 역시 변함이 없었다.

누군가를 좋아하는 것, 그리고 누군가의 마음을 얻는 것이 결코 쉽지 않다는 것을 알려준 J, 완전히 잊고 살았던 그녀에 대한 추억이 갑작스레 떠오른 그 날 아침, 나는 나갈 준비도 하지 않은 채 10년 전의 기억들을 끄집어내고 있었다.

어떤 친구들과 같은 반이 될지 설렘을 가지고 교실에 앉아 있던 중학교 3학년의 첫날, 나는 교실 뒷문으로 슬며시 들어오는 한 여자애를 보고 넋이 나가버렸다.

긴 생머리와 하얀 피부, 진하지 않은 쌍꺼풀과 오뚝한 코, 그리고 눈부시게 환한 미소까지. 말 그대로 예쁨을 장착한 그 친구를 보는 순간 한눈에 반해 버렸기 때문이다.

"야 쟤 이름이 뭐야?"
"J잖아?"
"진짜 예쁘다."

개학식이 끝나고 자리 배정이 시작되었다. 온갖 신들의 이름을 마음속으로 외치며 J와 짝이 되길 기도했지만 같은 자리는커녕 나는 1분단, J는 4분단으로 같은 분단조차 되지 못하고 멀리 떨어졌다. 설상가상으로 다음 달이 되어도, 그다음 달이 되어도 J와 짝이 될 수 없었고 먼저 다가가지 못하는 소심한 성격 탓에 J에게 어떤 감정 표현도 하지 못한 채 3개월을 허비했다.

하지만 나의 그런 모습이 불쌍했는지 행운의 여신은 내게 한 줄기 빛을 선사했고 기적적으로 1학기의 마지막 자리 배정 날, 나는 J의 옆자리에 앉게 되었다.

다음날부터 펜 하나 달랑 있던 나의 필통은 샤프심, 지우개, 화이트, 그리고 갖가지 펜들로 가득 채워졌다, 혹시나 J가 빌려 달라고 할 때 바로 빌려주기 위하여. 수업 중에는 항상 내 왼쪽에 신경을 곤두세우고 있었다, J가 무언가를 떨어트리면 바로 주워주기 위하여. 점심시간에 그렇게 좋아하던 축구도 잘 하지 않았다, 5교시에 땀 냄새가 풍길까 봐. 수업시간에 필기도 정말 열심히 했다, J가 보여 달라 할 상황에 대비하여. 또한 고기나 소시지 등 맛있는 반찬이 나오는 날이면 뒤에 있는 친구에게 욕을 먹더라도 꼭 한 국자씩 더 퍼오곤 했다. 그리고는 J에게 늘 물어봤다.

"나 이거 안 좋아하는데 너 좀 먹을래?"

버디버디 아이디를 알게 되어 쪽지도 자주 보냈으며 누나에게 컴퓨터를 뺏기는 날이면 엄마 휴대전화로 문자도 보냈다.

잉글랜드 다이어리

또한 괜한 용기가 생기는 날이면 어떻게든 이유를 만들어 전화를 걸기도 했다. 물론 받지 않는 날이 더 많았지만.

J가 다니는 교회도 나갔다. 종교에 1도 관심이 없는 나였지만 오직 J를 보기 위하여 일요일의 늦잠까지 포기하고 매주 예배에 참석했다. 가만히 입 다물고 있는 모습을 보여주기 싫어 주기도문까지 외웠으며 여름방학에는 3박 4일의 성경학교까지 참여했다. J는 가끔 찬송가를 부르는 시간에 무대에서 피아노를 치곤했다. 그 모습이 얼마나 예쁘던지 나를 제외한 모든 사람이 귀에 집중을 했다면 나는 오직 눈에만 집중했다. 단 1초도 놓치지 않기 위해.

베개에 머리를 대면 가장 먼저 생각나는 사람이 J였고, 눈을 뜨면 가장 먼저 생각나는 것이 J였다. 먼저 말이라도 걸어주는 날이면 심장이 터질 것 같이 뛰었고, 1분이라도 통화에 성공하는 날이면 밤에 잠을 이룰 수 없을 만큼 행복했다.

하지만 그런 소소한 행복들은 얼마 가지 않고 처참히 무너졌다. 바로 J가 남자친구가 생겼기 때문이었다. 그 주인공이 나였으면 정말 좋았겠지만 J의 남자친구는 나의 친구였다. 그 친구는 나보다 키도 훨씬 크고 덩치도 좋았다, 옷도 잘 입었으며 성격도 좋고 얼굴도 잘생긴 뭐 하나 빠짐이 없는 친구였다. 하지만 그 친구와 비교되는 거울 속의 내 모습은 너무도 보잘

것없었고 그런 나 자신이 무척 싫었다. 살면서 처음으로 겪은 자존감이 낮아지는 경험은 그 당시 매우 큰 상처였으며, 마음에서 쿨렁거리는 아픔을 몸 밖으로 빼놓고 싶을 만큼 그때는 무척이나 힘들었다.

그리고 결정적으로 내 마음을 더 적극적으로 표현하지 못한 것이 몹시도 후회됐다.

몇 달이 지난 뒤 J가 헤어졌다는 소식을 들었다. 그리고 그때 나는 큰 결정을 내렸다, 되든 안 되든 내 마음을 적극적으로 보여주기로, 더 이상 기다리지 않고 내가 먼저 다가가기로, 그리고 다시는 후회하지 않기로.

한동안 나가지 않았던 교회도 다시 나갔다. 굳이 이유를 만들지 않고 전화를 걸었으며, 서슴없이 J의 옆자리로 가서 말을 걸었다. 나의 모든 행동은 '나 너한테 관심 있어. 나 너 좋아해.'라는 말을 외치고 있었고, 당시 내가 J를 좋아한다는 사실을 모르는 친구가 없을 정도로 온갖 티를 내고 다녔다.

그렇게 시간은 흘러 12월이 되자 나는 한 가지 큰 결심을 했다. 기필코 12월 25일을 J와 보내겠다는 결심을. 그래서 크리스마스의 몇 주 전부터 J에게 어떻게 데이트 신청을 해야 할지 정말 많은 고민을 했다. 네이버에 질문도 올려봤고, 주변의 여자애들에게 조언을 구해보는 등 별짓을 다 했다. 하지만 딱히 좋은 멘트가 생각나지 않아 빙빙 돌려 말하지 않고 직접적으로 J에게 물어봤다.

"크리스마스에 영화 볼래?"

1분이 1시간 같았던 시간 속에서 J의 답장을 초조하게 기다렸다. 몇 분이 흐른 뒤 크리스마스 당일은 교회에 가야 하기 때문에 그 전날, 크리스마스이브에 만날 수 있다는 답장을 받았고 나는 엄마가 무슨 일이 있느냐고 물어볼 정도로 방에서 소리를 질러댔다.

2007년 크리스마스이브, 지하철을 타고 J와 신촌 아트레온으로 향했다. 중곡동에 사는 내가 신촌까지 갔던 이유는 간단했다. 그저 J와 지하철을 오래 타고 싶었기 때문이다.

그날 J와 '하와이안 커플'이라는 노래로도 유명한 '내 사랑'이라는 영화를 봤다. 영화를 본 후에는 물보다 사람이 많은 청계천을 거닐었고, 명동으로 넘어가 J가 먹고 싶다던 카레를 먹었다. 손을 잡기 위한 수많은 시도는 결국 실패로 돌아갔지만 커플들로 가득 찬 그곳에서 J와 함께 있다는 것만으로도 나는 너무도 행복했다.

크리스마스이브 이후로 나는 J와 더 가까워졌음을 느꼈다. 그래서 몇 주 뒤 용기를 내어 약속을 다시 잡았고, 우리는 건대 입구의 영화관에서 만났다. 그때 봤던 영화가 도무지 기억이 나지 않지만 러닝타임이 길어 둘 다 지루해했던 것은 분명히 기억이 난다. 영화를 본 후에는 건대 입구에서 알 만한 사람들은 다 안다는 '겨울 나그네'에서 돈가스를 먹었다. 그리고 소화도 시킬 겸 걷자는 말을 핑계로 나는 이미 문을 닫은 어린이대공원으로 J를 데려갔다. 내가 그렸던 그림은 가로등이 줄지어 켜져 있는 로맨틱한 분위기 속에서 J에게 멋지게 고백을 하는 것이었지만 계획과 다르게 가로등은커녕 의지할 건 달빛뿐이었고, 칠흑 같은 어둠 속에서 J와 나는 무섭다는 말만 반복하며 급하게 그곳을 빠져나왔다.

망가진 계획에 좌절하며 집으로 가는 길, 고백해야 하나 말아야 하나 오만 가지 생각을 했다. 하지만 이런 기회는 다시 오지 않을 거라 생각해 J에게 수줍게 고백했다.

끝끝내 나는 J의 마음을 얻을 수 없었고 그녀와 돌이킬 수 없는 어색함을 가진 채 중학교 생활을 끝마쳤다. 그렇게 시간은 흘러갔고 J와 나는 서로 다른 고등학교로 진학했다. 연락은 일체 하지 않았지만 교회는 꾸준히 나갔다. 그래야 일주일에 하루라도 J를 볼 수 있었기 때문이다. 하지만 어느 날 J가 미국으로 이민을 간다는 청천벽력 같은 소문을 들었다. 설마 했지만 J의 친구에게 물어보니 그 소문은 사실이었고 당장 며칠 안으로 한국을 떠난다는 것이었다. J에게 연락하고 싶은 마음은 굴뚝같았지만, 딱히 할 말도 없을뿐더러 굳이 해서 뭐하나 싶은 마음에 연락하지 않았다.

며칠 뒤, 마지막 예배에 참석한 J를 보러 한 번도 간 적 없는 평일 저녁 예배에 참석했다. J는 피아노 앞에 앉아 있었고 나는 조금 늦은 탓에 뒷자리에 앉아 피아노를 치는 그녀의 모습을 먼발치에서 바라봤다. 그리고 그것이 내가 J를 본 마지막 모습이었으며 길고 길었던 나의 짝사랑이자 첫사랑이 끝나는 씁쓸한 순간이었다.

J가 내 사진에 댓글을 써준 날, 허밍 어반 스테레오의 '하와이안 커플'을 듣다가 한참을 로비에 앉아 J와의 추억을 회상했다. 놀라운 건 너무 속상하여 꽁꽁 싸매뒀던 기억들은 막상 끄집어내 보니 생각보다 아프지 않았다는 것이다. 오히려 입가에 미소가 지어졌으며 그 추억들을 기쁘게 곱씹어 볼 수 있었다.

미소가 지어진 이유는 아마도 맺어지지 않았기에 나 혼자 아파하고 끝낼 수 있었던 안도감이거나 후회 없이 모든 걸 쏟아 부었던 어린 시절의 '나'에 대한 기특함은 아닐까 생각해본다.

　　이 글을 쓰고 있는 지금도 '하와이안 커플'이 내 방에 울려 퍼지고 있다. '그 시절'을 다시금 회상하며 씁쓸하게 한마디를 내뱉어 본다.

　　"에이, 손이라도 잡아 볼걸."

하소연 한번 해봐도 될까요

엄마 아빠!

내 말 한번 들어보세요.

기억하시나요?

유치원을 다닐 때, 거의 모든 친구가 점심시간이 지나면 집으로 돌아갔죠. 부모님 손을 잡고 가거나 셔틀버스를 타고서. 근데 나는 갈 수가 없었어요. 종일반에 속해 있어서 저녁 6시까지 유치원에 남아 있어야 했거든요. 그리고 6시가 지나면 혼자서 집으로 걸어갔지요.

기억하시나요?

초등학교 1학년, 우리 가족이 단칸방에 함께 살 때, 밤 11시가 넘어도 엄마 아빠가 집에 오시질 않았어요. 누나는 이미 잠들었지만, 잠들지 못한 나는 너무 무서웠죠. 그래서 혼자 그 늦은 밤에 야근하고 있는 엄마에게 찾아갔는데 엄마는 사장님이 보시면 혼난다고 나를 복도에다 혼자 세워 두셨죠. 추운 복도에 딱 하나 켜져 있는 불빛, 그리고 안에서 들리는 미싱 소리, 저는 아직도 잊지 못해요.

기억하시나요?
우산을 챙겨가지 않은 날, 비가 오면 매번 나는 비를 홀딱 맞으며 집에 갔었죠. 친구들은 항상 엄마나 아빠가 우산을 가지고 데리러 왔는데 그 모습을 부러운 눈으로 쳐다볼 수밖에 없었죠. 정말 단 한 번도 오신 적이 없죠. 나를 강하게 키우기 위해서라고 말씀하셨지만 나는 알고 있었어요. 아빠는 학교를 찾아오기에 너무 멀리 계셨고 엄마는 날씨를 알 수 없는 지하에서 온종일 미싱을 돌리고 계셨다는 것을.

기억하시나요?
말버릇처럼 엄마는 반장이나 부반장은 절대 하지 말라고 당부했었죠. 그렇게 되면 일도 못 하고 학교를 찾아갈 일이 생긴다고. 돈도 써야 하며 귀찮아질 일이 많아진다고. 그럼에도 불구하고 초등학교 3학년, 나는 부반장이 되었죠. 그리고 뿌듯

한 마음으로 임명장을 들고 집으로 가 자랑을 했지만, 엄마는 그다지 기뻐하시지 않으셨죠.

기억하시나요?
어렸을 적, 내 친구들은 주말에 아빠 차를 타고 놀러 갔다 왔다고 자랑을 하는데, 나는 항상 말할 거리가 없었어요. 나는 주말에 아빠랑 있어본 기억이 거의 없거든요. 아빠, 기억하실 거라 믿어요. 내가 항상 "아빠, 또 나가?"라는 질문을 수없이 했었다는 것을. 근데 아빠 이것도 기억하셔야 해요. 제 말을 듣고도 아빠는 그냥 나가셨죠.

기억하시나요?
고등학교 1학년, 문과를 택할지 예체능반을 택할지 큰 고민에 빠져있었어요. 평소에 대화가 없는 사이였지만 정말 용기 내어 제 고민을 두 분께 말했었죠. 하지만 아빠는 "네 맘대로 해."라고 답하셨죠. 그리고 더 이상의 대화는 없었어요. 그날 이후로 저는 두 분에게 고민을 말하지 않았어요.

기억하시나요?
2개의 대학교 합격증을 보여드렸을 때 엄마가 했던 말 "붙을 줄 알았어."

그때 난생 처음으로 생각했어요. 내가 다른 집에서 태어났다면 "고생했다 아들"이라는 말 한마디는 들어보지 않았을까 하고.

기억하시나요?

제가 스무 살이 되어 대학 생활을 할 때, 유독 집에서 엄마와 아빠가 많이 싸우시곤 했죠. 물론 돈 문제로. 정말 듣기가 싫었어요. 잠도 잘 수 없었고, 집에 들어오기도 싫었죠. 그런데 어느 날 문득 이런 생각이 들더군요. '지금 나라는 존재는 이 집에서 잠시 없어져야 한다. 그래야 엄마 아빠의 싸움과 고민이 줄어들 것이다.'라고. 옳은 생각이었는지는 모르겠지만 저는 스무 살, 대학 1학년 1학기를 마치고 8월에 군대를 가버렸죠. 제 인생의 한 번밖에 없을 20살은 그렇게 반 토막이 났죠. 내가 없어져야 돈 나갈 일이 줄어들었을 테니.

엄마 아빠! 어렸을 적 나를 혼자 두었을 때, 그리고 관심을 받지 못한다는 생각이 들었을 때 당신들이 너무도 미웠습니다. 누구보다 열심히 사는 당신들이었지만 변하는 것이 없는 우리 집을 보고 원망도 많이 했죠. 항상 쳇바퀴 돌 듯 제자리인 우리 가족의 상황이 죽을 만큼 싫었어요.

하지만 나도 한 살 한 살 먹어가면서 이제는 이해가 가네요.

당신들은 그럴 수밖에 없는 상황에 있었다는 것을. 또한 필사적이지 않으면 아무것도 지킬 수 없던 당신들의 심정을. 그렇기에 저는 이제 마음속에 담아 두질 않습니다. 그저 글로서 한 번 하소연을 해보고 싶었을 뿐이에요.

자식은 부모의 거울이므로 나도 당신들처럼 항상 열심히 살아왔습니다. 가진 게 없어도 남에게 아쉬운 소리 하지 않고, 내세울 게 없어도 당당하게 살려고 노력해왔죠. 당신들이 늘 그래왔고 내게 알려줬던 것처럼.
나란 존재가 당신들에게 자랑스럽고 자랑할 만한 아들인지는 모르겠습니다. 허나 부끄럽지 않은 아들이 되기 위해 끊임없이 노력해왔습니다.

누구보다 훌륭한 나의 부모님, 당신들을 진심으로 존경합니다.
나의 뼛속 깊은 곳에서부터 당신들을 사랑했습니다. 사랑합니다.
그리고 영원히 사랑할 겁니다.

내가 느낀 17가지 영국

중학교 2학년, 동네 종합 학원을 다닐 때였다. 중간고사 대비를 시작한 날 부원장 선생님이 모든 학생에게 종이 한 장씩을 건네며 과목마다 얻고 싶은 점수를 적어 내라고 하셨다. 나를 포함하여 종이를 받은 친구들은 고민하면서 각자 자기 능력에 맞는 점수들을 적고 있었다. 하지만 이게 무슨 의미가 있을까 생각하던 나는 일말의 고민도 하지 않고 모든 과목에 100점을 적기 시작했다. 그리고 그걸 본 선생님은 한숨을 쉬시며 나에게 장난치지 말고 진지하게 적으라고 말씀하셨다.

"아니 선생님, 제가 이 학원을 100점 받으려고 다니지 90점, 80점 받으려고 다니겠어요? 저 장난치는 거 아닌데요."

이렇게 호기롭게 말한 나는 모든 과목에 100점을 적어 제출했고 며칠간은 피와 땀이 튀길 정도로 중간고사를 준비했다. 그러나 놀랍게도 그 시험에서 단 한 과목도 100점을 받지 못했고 한동안 친구들뿐만 아니라 학원 선생님들의 놀림거리가 되었다. 그럼에도 불구하고 노력만큼은 만점이었다는 자기 합리화를 하며 기말고사의 희망 점수 역시 당당히 100점을 적어 제출했다. 그리고 시간이 흘러 또 한 번 100점을 받겠다는 작은 포부를 드러냈고, 그 포부를 기반으로 이 책을 완성시켰다.

사실 글 쓰는 걸 배워본 적도 없고, 책을 자주 읽지도 않으며, 좋은 글과 그렇지 않은 글의 기준조차 모르는 내가 글을 쓴다는 것이야말로 100점을 받지 못할 걸 알면서도 사람들 앞에서 당당히 말했던 것과 다를 바가 없었다. 그렇지만 1년이라는 시간 동안 영국에서의 생활과 배낭을 메고 여행을 했던 순간들, 그리고 그 과정에서 느꼈던 두려움, 성취감, 외로움, 행복 등은 나의 마음속에 진한 그리움으로 남아 있었고, 나는 그 그리움들을 서툴지만 글로써 말하고 싶었다.

그러기에 이 책을 완성하는 데 정말 오랜 시간이 걸렸다. 내가 쓴 글이 나뿐만 아니라 남들에게도 편히 읽힐지, 혹은 공감을 받을 수 있을지에 대한 고민을 끊임없이 했기 때문이다. 또한 아들 노릇, 친구 노릇, 복학생 노릇, 그리고 아르바이트생 노릇 등으로 온전히 글을 쓰는 데 몰두할 수가 없었을뿐더러 가끔은 책을 쓴다는 꿈 자체를 잊고 살기도 했다.

하지만 그런 와중에도 문득 그 시절의 그리움들이 생각날 때면 며칠간은 또 글을 쓰는 데만 집중을 하곤 했다. 그리고 이 과정을 몇 년간 수백 번 반복하면서 나의 글들은 천천히 완성되어 갔고 지금 이렇게 끝을 맺을 수 있었다.

이 책이 여러분들에게 0점을 받을지라도 나는 기쁘게 받아들일 것이고 놀림거리가 될지라도 행복하게 받아들일 것이다. 이것을 완성하는 데 쏟아 부은 나의 노력은 감히 100점이라 말할 수 있기 때문이다.

또한 나의 글로 여러분의 마음에 잠시나마 휴식 공간이 생기고 그곳이 진한 그리움으로 가득 찬다면 나는 환희에 휩싸인 채 큰 소리로 외칠 것이다.

"드디어 끝났다!"

볼펜으로 그리움을 쓰다

잉글랜드
다이어리

초판 1쇄 인쇄 2020년 06월 03일
초판 1쇄 발행 2020년 06월 11일
지은이 유경준

펴낸이 김양수
책임편집 이정은
편집·디자인 김하늘
교정교열 박순옥

펴낸곳 도서출판 휴앤스토리
출판등록 제2012-000035
주소 경기도 고양시 일산서구 중앙로 1456(주엽동) 서현프라자 604호
전화 031) 906-5006
팩스 031) 906-5079
홈페이지 www.booksam.kr
블로그 http://blog.naver.com/okbook1234
이메일 okbook1234@naver.com

ISBN 979-11-89254-33-9 (03920)

* 이 도서의 국립중앙도서관 출판예정도서목록(CIP)은 서지정보유통지원시스템 홈페이지(http://seoji.nl.go.kr)와 국가자료종합목록 구축시스템(http://kolis-net.nl.go.kr)에서 이용하실 수 있습니다.
 (CIP제어번호 : CIP2020022795)
* 이 책은 저작권법에 의해 보호를 받는 저작물이므로 무단전재와 무단복제를 금지하며, 이 책 내용의 전부 또는 일부를 이용하려면 반드시 저작권자와 도서출판 휴앤스토리의 서면동의를 받아야 합니다.

* 파손된 책은 구입처에서 교환해 드립니다.   * 책값은 뒤표지에 있습니다.